Stephan Sigg

Gleichnisse und Wunderberichte aus der Bibel

in neuen Zusammenhängen sehen und verstehen

Auer Verlag GmbH

Gedruckt auf umweltbewusst gefertigtem, chlorfrei gebleichtem
und alterungsbeständigem Papier.

1. Auflage 2010
Nach den seit 2006 amtlich gültigen Regelungen der Rechtschreibung
© by Auer Verlag GmbH, Donauwörth
Alle Rechte vorbehalten
Das Werk und seine Teile sind urheberrechtlich geschützt. Jede Nutzung in anderen als den gesetzlich
zugelassenen Fällen bedarf der vorherigen schriftlichen Einwilligung des Verlages.
Hinweis zu § 52 a UrhG: Weder das Werk noch seine Teile dürfen ohne eine solche Einwilligung
eingescannt und in ein Netzwerk eingestellt werden. Dies gilt auch für Intranets von Schulen und
sonstigen Bildungseinrichtungen.
Illustrationen: Steffen Jähde
Satz: Fotosatz H. Buck, Kumhausen
Druck und Bindung: Franz X. Stückle Druck und Verlag, Ettenheim
ISBN 978-3-403-06571-5

www.auer-verlag.de

Inhaltsverzeichnis

Vorwort 5

A. Wunderberichte

1. Wunderberichte

    1.1   Wunderberichte heute 6

    1.2   Die biblischen Wunderberichte 6

    1.3   Wunderberichte im Unterricht 7

2. Die Wunderberichte im Neuen Testament im Überblick 9

3. Näher hingeschaut: Wunderberichte aus der Bibel

Zur Einführung
Heilungswunder heute (M1) 10
Wunder – verschiedene Ansichten (M2) 11
Überholte Wunder (M3) 12
Wie sind die biblischen Wunder zu verstehen? (M4) 13
Jesus – Wunderheiler und Zauberer?! (M5) 14
Welche Arten von Wundern gibt es im Neuen Testament? (M6) 15

Die Speisung der 5000 – Wundersame Vermehrung von Brot und Fisch (Mt 14,13-24)
Ist Geiz geil? (M7) 16
Hunger in der Welt (M8) 17
Brot & Fische (M9) 18
Die eigene Verantwortung (M10) 19
Ablauf eines Wunders – ganz genau betrachtet (M11) 20
Teilen – etwas, das jeder kann (M12) 21

Jesus und der Sturm (Mk 4,35-41)
Gefahr droht (M13) 22
Jesu Freunde in Panik (M14) 23
Jesus & der Sturm – heute (M15) 24
Wie Angst überwinden? (M16) 25
Keine Angst vor der Angst (M17) 26

Heilung des Gelähmten (Mk 2,1-12)
Verschiedene Lähmungen (M18) 27
Die Bibel und körperliche Behinderung (M19) 28
Dr. med. Jesus?! (M20) 29
Ein Wunder sorgt für Emotionen (M21) 30
Die Last der Schuld (M22) 31
Die Kunst des Vergebens (M23) 32

Heilung eines Blinden (Mk 10,46-52)
Wir sind blind (M24) 33
Meine Stimme wird nicht gehört (M25) 34
Jesus schenkt Durchblick (M26) 35
Das neue Leben des Bartimäus (M27) 36
Neu sehen lernen (M28) 37
Unterstützung für Außenseiter (M29) 38

B. Gleichnisse

1. Gleichnisse

1.1 Gleichnisse in der Bibel 39

1.2 Gleichnisse im Unterricht 40

2. Die Gleichnisse im Neuen Testament im Überblick 41

3. Näher hingeschaut: Gleichnisse aus der Bibel

Zur Einführung
- Grundwissen Gleichnisse (M30) 42
- In Bildern sprechen (M31) 43

Haus auf Sand und Fels bauen (Mt 7,24-27)
- Von kurzer Dauer (M32) 44
- Ein gutes Fundament (M33) 45
- Hinterher ist man schlauer (M34) 46
- Fels oder Sand (M35) 47
- Klug geplant (M36) 48
- Worauf sein Leben bauen? (M37) 49
- Mein Beitrag für ein sicheres Fundament (M38) 50

Der barmherzige Samariter (Lk 10,25-37)
- Im Einsatz für andere (M39) 51
- Wegschauen statt helfen (M40) 52
- Keine Kosten und Mühen gescheut (M41) 53
- Hilfe gesucht! (M42) 54
- Das kommt ungelegen (M43) 55

Arbeiter im Weinberg (Mt 20,1-16)
- So ungerecht! (M44) 56
- Nicht gleich behandelt (M45) 57
- Ein gerechtes Ende?! (M46) 58
- Fair zu mir – fair zu dir (M47) 59
- Neid macht unglücklich (M48) 60

Der bittende Freund (Lk 11,5-13)
- Immer für Sie da! (M49) 61
- Aufmachen oder liegen bleiben? (M50) 62
- Bitten – ein biblischer Tipp (M51) 63
- Gott bitten, Menschen bitten (M52) 64
- Meine Hilfe ist gefragt (M53) 65

Der verlorene Sohn (Lk 15,11-32)
- Spurlos verschwunden (M54) 66
- Die Rückkehr des verlorenen Sohnes (M55) 67
- Der liebende Vater – vorbildlich oder unerhört?! (M56) 68
- Vergeben aus Liebe (M57) 69
- Eine schwierige Rückkehr (M58) 70

Lösungen 71

Vorwort

Zahlreiche Wunderberichte und Gleichnisse sind im Neuen Testament zu finden. Sie beschreiben anschaulich, welche **Heilstaten** Jesus vollbracht bzw. mit welchen herausfordernden Gleichnissen er die Menschen zum **Nachdenken** gebracht hat. Wunder wie Gleichnisse sind von großer Bedeutung für jeden Christen, denn in diesen Geschichten wird anhand von alltäglichen Problemen und Situationen die **Kernbotschaft von Jesus** vermittelt. Anschaulich und pointiert wird gezeigt, worauf es im Leben ankommt und wie man sich aus festgefahrenen Situationen befreien und so **neue Perspektiven** entdecken kann.

Es ist eine große Chance, im Religionsunterricht Gleichnisse und Wunder zu thematisieren. Sie bieten viele **Anknüpfungspunkte**, die grundlegenden Fragen, die Jugendliche beschäftigen, aufzugreifen: Wie gehe ich mit Ungerechtigkeit um? Wie kann ich Schuld loswerden? Auf welchem Fundament soll ich mein Leben bauen? Oder wie lerne ich mit Angst umzugehen?

Wunder und Gleichnisse haben auch für unsere aufgeklärte „allwissende" Welt etwas zu sagen. Sie wollen **herausfordern** und **provozieren**. Sie sind eine Einladung, über Gottes Botschaft nachzudenken und sich auf sie einzulassen.

In diesem Buch finden Sie zahlreiche Ideen, Wunder und Gleichnisse Schülern lebensnah zu vermitteln. **Zunächst** wird jeweils gezeigt, dass die Themen der Wunder und Gleichnisse bereits im Alltag zu entdecken sind – in Songs, in der Werbung oder in ganz normalen Alltagssituationen. Im **zweiten Schritt** lernen die Schüler den biblischen Text kennen und setzen sich mit ihm auseinander. Dafür stehen Arbeitsblätter zur Verfügung, die ein abwechslungsreiches und kreatives Arbeiten mit den Bibeltexten ermöglichen. **Zuletzt** werden die Jugendlichen direkt mit der Botschaft des Wunders bzw. des Gleichnisses konfrontiert, und ihnen wird aufgezeigt, inwiefern sie davon profitieren und neue Impulse für ihr Leben finden können.

Aus der Fülle an Wundern und Gleichnissen, die im Neuen Testament zu finden sind, wurden die bekanntesten und ein paar unbekannte ausgewählt. Viele Ideen lassen sich aber auch auf andere Wunder und Gleichnisse übertragen.

Ich wünsche Ihnen viel Freude und inspirierte Stunden bei der Auseinandersetzung mit biblischen Wundern und Gleichnissen.

Stephan Sigg

A 1. Wunderberichte

1.1 Wunderberichte heute

Egal ob in der TV-Werbung, in Popsongs oder auf den Titelseiten von Illustrierten – überall ist von Wundern zu hören und zu lesen. Fast schon inflationär wird der Begriff gebraucht: Das noch immer unerforschte Wunder der Liebe, medizinische Wunder, welche die Experten ins Staunen versetzen, oder das „Jobwunder", das wie aus dem Nichts Hunderte neue Arbeitsplätze kreiert. Nicht zu vergessen die sensationellen Ergebnisse von „Wunderheilern" oder der wundersame, glimpfliche Ausgang eines Flugzeugabsturzes. Der Wunderbegriff wird in fast jedem Zusammenhang gebraucht und es vergeht einem fast das Hören und Sehen bei diesen vielen „Wundern", die einem im Alltag begegnen. Eine Untersuchung des Allensbacher-Instituts im Herbst 2006 ergab, dass mehr als die Hälfte der Befragten an Wunder glauben oder gar der Ansicht sind, bereits selber eines erlebt zu haben.[1]

Auch bei gläubigen Menschen scheinen „Wunder" von großer Bedeutung zu sein: Auch heute pilgern viele Tausende Gläubige im Jahr zu Wallfahrtsorten (wie das französische Lourdes) und hoffen, dass Gott ihnen ein Wunder schenkt. Und auch der Papst scheint Wundern nicht abgeneigt zu sein: Es werden nur Personen heilig gesprochen, die Wunder vollbracht haben. Eine eigene Abteilung im Vatikan ist dafür zuständig, Berichte von Wundern aus der jüngeren Vergangenheit zu untersuchen. Im letzten Viertel des 20. Jahrhunderts sollen über 2 000 Wunder anerkannt worden sein.

Was ist ein Wunder? Lexika umschreiben das Wunder u. a. als einen „Vorgang, der dem gewöhnlichen Verlauf der Dinge oder den Naturgesetzen anscheint widerspricht"[2]. In der Theologie handelt es sich nur dann um ein „echtes" Wunder, wenn die unerklärlichen Ereignisse direkt auf Gott zurückgeführt werden können.

1.2 Die biblischen Wunderberichte

Umfragen zeigen, dass sich immer mehr Menschen schwer damit tun, an die Wunder der Bibel zu glauben. Es wird darauf hingewiesen, dass viele Dinge, die früher als Wunder bezeichnet wurden, heute natürlich erklärt werden können. Wunder werden abgetan als Überbleibsel aus einer Welt voller Magie und Hokuspokus – eine Zeit, in der man von den Naturwissenschaften noch keine Kenntnisse hatte und ein Sommergewitter mit Gottes Zorn identifizierte. Schon Johann Wolfgang von Goethe merkte an: „Das Wunder ist des Glaubens liebstes Kind" (Faust I, Vers 766). Ist es als vernünftiger, aufgeklärter Mensch tatsächlich völlig abwegig, an die Wunder Jesu zu glauben?

In der theologischen Wissenschaft setzen sich die Fachleute schon seit Jahrhunderten mit den biblischen Wundern und deren Bedeutung auseinander. Herrschte in der Spätantike und im Mittelalter Konsens, dass man die Wunder als historische Berichte zu verstehen hat, die genau so stattgefunden haben wie in den Evangelien beschrieben, ging die Akzeptanz der Wunder Jesu in der Neuzeit verloren. Die Theologen distanzierten sich von einem „naiven Wunderglauben" und sahen in den Wundern nur noch eine symbolische Bedeutung, die für die Wahrnehmung einer anderen Wirklichkeit steht.

Überzeugter Wunderglaube oder total kritische Distanz – heute vertreten die meisten Theologen eine gemäßigte Form: Sie interpretieren die Wunder nicht als historische Berichte, die 1:1 ein Ereignis beschreiben. Trotzdem sind die biblischen Wunder für sie mehr als nur ein „Märchen" oder Zeitzeugnisse aus einer Welt voller Mystik und Zauberei. Ein Großteil der Theologen ist sich darin einig, dass Jesus tatsächlich Krankenheilungen und Dämonenaustreibungen vorgenommen hat. Aus der historischen Forschung weiß man, dass zu Zeiten Jesu Wundertäter gang und gäbe waren.

Jesu Wundertätigkeit ist auf **verschiedene Motive** zurückzuführen. Dazu gehören u. a.:

- Die Wunder waren eine Art Verkündigung Gottes.
- Die Wunder demonstrierten, dass Jesus die Vollmacht erhalten hat, im Auftrag Gottes zu handeln.

---

1 Vgl. Psychologie Heute, Nr. 2/2010.
2 Dtv-Lexikon, Band 20, München 1973, 199.

- Die Wunder machten deutlich, dass Gott seine Verheißungen (Versprechen) erfüllt.
- Die Wunder waren eine Art „Vorgeschmack" auf das Reich Gottes.

Die Wunder Jesu lassen sich in verschiedene **Kategorien** einordnen. Diese Einteilung macht zugleich Sinn und Bedeutung der verschiedenen Wunderberichte deutlich:

- Heilungswunder (Jesus heilt einen Gelähmten, Blinden usw.)
- Dämonenbannung (Jesus treibt Dämonen aus, z. B. in Gerasa)
- Normen- bzw. Strafwunder (z. B. Hannanias und Saphira werden bestraft, weil sie nicht das ganze Geld gespendet haben, Apg 5,1-11)
- Beglaubigungswunder (Jesus macht deutlich, dass er der Sohn Gottes ist.)
- Epiphaniewunder (Erscheinungswunder, z. B. Taufe und Verklärung Jesu)
- Rettungswunder (Jesus rettet, z. B. Seesturm)
- Geschenkwunder (z. B. Speisung der 5000)

Gliederung nach: Josef Imbach: Wunder – existentielle Auslegung, Würzburg 2002.

In der heutigen Auslegung des Neuen Testaments werden Wundererzählungen einer eigenen literarischen Gattung zugeordnet. Dies ist eine wichtige Voraussetzung für deren Interpretation. Wunderberichte dürfen nicht mit historischen Berichten verwechselt werden. Es ist nicht Absicht der Verfasser gewesen, in ihren Schilderungen historische Fakten zu vermitteln bzw. wie ein Journalist oder Historiker möglichst faktengenau ein Ereignis zu dokumentieren. Vielmehr wollten sie mit den Wundergeschichten theologische Informationen über Jesus und dessen Wirken verbreiten. Die biblischen Wunder sollen den Glauben an Jesus Christus festigen sowie Gottes Kraft und grenzenlose Liebe zu den Menschen deutlich machen – eine Kraft und eine Liebe, die alle Grenzen sprengen, die menschliche Logik übersteigen und sich nicht an naturwissenschaftliche Gesetze halten kann.

1.3 Wunderberichte im Unterricht

„Wer elektrisches Licht oder Radioapparate benutzt, in Krankheitsfällen moderne medizinische und klinische Mittel beansprucht, kann nicht an die Geister- und Wunderwelt des Neuen Testaments glauben." Dies schrieb der evangelische Theologe Rudolf Bultmann in den 40er Jahren des 20. Jahrhunderts. Diese Überlegung scheint bis heute aktuell zu sein: Ein aufgeklärter Mensch kann doch nicht an Wunder glauben! Die biblischen Wunder werden als „fiktive" Erzählungen abgetan. Den Evangelisten wird vorgeworfen, dass sie einfach über zu wenig naturwissenschaftliche Kenntnisse verfügten und ihnen physikalisches, biochemisches und medizinisches Grundwissen fehlte.

Auch viele Jugendliche können mit den biblischen Wunderberichten nicht viel anfangen. In Kindergottesdiensten und in der Grundschule wurden die Wunderberichte erzählt und auf kreative Weise bearbeitet. Grundlage war immer ein Verständnis, das davon ausging, die Wunder hätten sich 1:1 mit Jesus als dem großen Wundertäter so abgespielt. Werden die Jugendlichen heute mit diesen Geschichten konfrontiert, stößt man jedoch häufig auf Unglauben. Die Wunder Jesu – naiver Kinderkram! Es kann sogar vorkommen, dass die Wunder an der allgemeinen Glaubwürdigkeit der Bibel zweifeln lassen. Warum also heute noch Wunder im Religionsunterricht thematisieren?

Wundererzählungen beschreiben, wie sehr Gott die Menschen liebt und wie er sie mit seinen Heilstaten beschenken will. Christen hoffen darauf, dass Gott die Menschen von den Leiden dieser Welt (Krankheiten, Einsamkeit, Armut, Gewalt, Ungerechtigkeit usw.) erlösen will – selbst wenn dies nach menschlichem Verstand oder bisherigen naturwissenschaftlichen Erkenntnissen nicht möglich ist. Wer sich intensiver mit den Wunderberichten beschäftigt, dem wird dies neu bewusst gemacht.

Die Wunderberichte enthalten einen großen Teil der Botschaft Jesu. Sie sind Zeugnisse von Jesu vorbildlichem Verhalten: Mit seinen Wundern zeigt er, wie wir uns gegenüber unseren Mitmenschen verhalten sollen. Er gibt Beispiel für einen engagierten Umgang mit Menschen in Notsituationen sowie ein respektvolles Miteinander, das sich nicht an Vorurteilen oder Klassen- oder kulturellen Grenzen orientiert.

Die biblischen Wunder halten uns aber auch vor Augen, dass es noch eine andere Wirklichkeit gibt und dass unsere Welt mehr ist als das Resultat von naturwissenschaftlichen Gesetzen und kausalen

Erklärungen. So kann die Auseinandersetzung mit den Wunderberichten ein Impuls sein, sich neu auf Gott, die Welt und die Mitmenschen einzulassen.

Wer sich genauer mit der Symbolik und der Botschaft der Wunder Jesu auseinandersetzt, wird bald merken: Die Frage, ob die Wunder tatsächlich stattgefunden haben oder nicht, ist Glaubenssache, aber nicht das Zentrale an der ganzen Sache. Ziel der Thematisierung von Wundern soll sein, den Jugendlichen deren bleibende Aktualität zu vermitteln. Man kann sich darüber den Kopf zerbrechen, ob ein Wunder wirklich so „wunderbar" stattgefunden hat oder ob es für das Ereignis eine einfache, naturwissenschaftliche Erklärung gibt. Dies führt aber nur dazu, dass man die Botschaft der Wundererzählungen aus den Augen verliert.

Jedes biblische Wunder bietet andere Möglichkeiten, es im Unterricht aufzugreifen, zu vertiefen oder die Parallelen zum eigenen Leben herzustellen. Da jedes Wunder eine Kernbotschaft hat, sind auch die in dieser Unterrichtshilfe behandelten Wunder nach einem jeweiligen Schwerpunktthema aufgebaut.

A 2. Die Wunderberichte im Neuen Testament im Überblick

Wunder	Matthäus	Markus	Lukas	Johannes
Heilung eines Aussätzigen	8,1-4	1,40-45	5,12-16	
Heilung des gelähmten Knechtes des Hauptmanns von Kafarnaum	8,5-13		7,1-10	
Die Heilung des Sohnes eines königlichen Beamten in Kafarnaum				4,43-54
Jesus heilt die Schwiegermutter des Petrus	8,14-17	1,29-39	4,38-44	
Jesus heilt andere Kranke	8,14-17	1,29-39	4,38-44	
Die Stillung des Seesturmes	8,23-27	4,35-41	8,22-25	
Die Dämonen fahren in die Schweine	9,28-34	5,1-20	8,26-39	
Heilung eines Gelähmten	9,1-8	2,1-12	5,17-26	
Heilung der blutflüssigen Frau	9,18-26	5,21-43	8,40-56	
Auferweckung der Tochter des Jairus	9,18-26	5,21-43	8,40-56	
Heilung von Blinden	9,27-31; 20,29-34	8,22-26; 10,46-52	18,35-43	
Heilung eines besessenen Stummen	9,32-34			
Heilung eines Menschen mit einer erstorbenen Hand	12,9-14	3,1-6	6,6-11	
Heilung des blinden und stummen Besessenen	12,22		11,14	
Jesus wandelt auf dem See	14,22-33	6,45-53		
Heilung vieler Kranker in Gennesaret	14,34-36	6,53-56		
Jesus heilt die besessene Tochter einer kanaanäischen Frau	15,21-28	7,24-30		
Heilung vieler Kranker am See	15,29-31	3,7-12		
Die Speisung der Viertausend	15,32-39	8,1-10		
Heilung des epileptischen Knaben	17,14-20	9,14-29	9,37-43	
Heilung der zehn Aussätzigen			17,11-19	
Jesus verwandelt Wasser in Wein (Hochzeit in Kana)				2,1-11
Jesus heilt am Sabbat einen Kranken am Teich Betesda in Jerusalem				5,1-9
Heilung eines Blindgeborenen				9,1-7
Die Auferweckung des Lazarus				11,1-44
Die Auferweckung des Jünglings von Nain			7,11-17	
Heilung eines Blinden in Betsaida		8,22-26		
Die Verfluchung des Feigenbaums	21,18-22	11,12-14		
Jesus heilt das abgetrennte Ohr des Kriegsknechtes des Hohenpriesters			22,50-51	

Heilungswunder heute

Jesus hat Blinde und Gelähmte geheilt – die Anwesenden sprachen von einem Wunder. Auch heute gibt es Heilungen, die man medizinisch nicht erklären kann.

Durch ein Wunder geheilt

Die französische Nonne Marie Simon-Pierre glaubt, dass ihre Gebete erhört wurden und ein Wunder sie von der Parkinson-Krankheit geheilt hat. Zunächst habe sich die Krankheit an dem Tag, an dem Papst Johannes Paul II. gestorben ist – auch der Papst litt an dieser Krankheit – am 2. April 2005 dramatisch verschlechtert. Sie habe den verstorbenen Papst im Jenseits um Unterstützung gebeten. Anfang Juni 2005 sei sie dann aufgewacht und habe keine Schmerzen mehr gehabt. Sie fühlte sich total geheilt. Sie konnte auch wieder schreiben. Sie stellte die Behandlungen ein und suchte einen Arzt auf. Dieser konnte nur bestätigen, dass die Krankheit tatsächlich verschwunden war.

(Informationen: http://www.welt.de/welt_print/article786399/Wunder_gibt_es_immer_wieder.html)

Ärzte haben schon lange herausgefunden, dass Spontanheilungen möglich sind. Zum Beispiel können Tumore absterben, sich zurückbilden oder durch eine Thrombose von der Blutversorgung abgeschnitten werden. Die Mediziner weisen darauf hin, dass jeder selber entscheidet, ob er dies als Wunder bezeichnet oder nicht.

(Informationen: http://www.sueddeutsche.de/gesundheit/805/378611/text/)

Das südfranzösische Lourdes ist einer der meistbesuchten katholischen Wallfahrtsorte weltweit. Viele Wunder sollen sich dort schon ereignet haben: Blinde konnten wieder sehen, Lahme wieder gehen und auch Geschwüre sollen verschwunden sein. Pro Jahr pilgern etwa 6 Millionen Menschen aus 170 Ländern nach Lourdes. Der Quelle, die dort zu finden ist, werden Heilkräfte zugeschrieben. An diesem Ort soll im Februar 1858 die Jungfrau Maria der 14-jährigen Bernadette erschienen sein und sich anschließend weitere 17 Mal gezeigt haben. Bernadette grub eine Quelle aus dem Erdreich. Das Ärztebüro der Wallfahrtsstätte hat bis heute rund 7 000 Gutachten über medizinisch unerklärliche Heilvorgänge aufgezeichnet. Der Vatikan hat diese Fälle genau untersucht und nur 66 davon den „Wunderstatus" zugebilligt.

(Informationen: http://www.tagesspiegel.de/meinung/kommentare/Wunder%3Bart141,2616846)

❶ Warum ist die Ordensfrau überzeugt, dass Gott für ihre Heilung verantwortlich ist?

❷ Weshalb ist sowohl die Ansicht der Nonne als auch der Mediziner richtig?

❸ Warum ist der Vatikan so zurückhaltend bei der Bestätigung eines Wunders?

Wunder – verschiedene Ansichten

Die Wunder von Jesus, wie sie in der Bibel beschrieben sind, können wortwörtlich, aber auch im übertragenen Sinn verstanden werden.

„Er hat Brot und Fisch vermehrt!" ⟷ *„Er hat so kleine Stücke gemacht, dass es für alle gereicht hat!"*

Es gibt zwei Interpretationen der Wundererzählungen:

WORTWÖRTLICH: Jesus heilt einen Blinden = der Blinde war körperlich blind

SYMBOLISCH: Jesus heilt einen Blinden = der Mann konnte zwar sehen, aber sah den „Wald vor lauter Bäumen" nicht mehr, er hatte den Blick fürs Wesentliche verloren usw.

PRO:

Menschen, die überzeugt sind, dass es sich bei den Wunderberichten um wortwörtliche Ereignisse handelt, halten fest: Jesus war Gottes Sohn, er hatte übernatürliche Kräfte und deshalb konnte er auch Übernatürliches vollbringen. Die Wunder als „symbolisch" oder im übertragenen Sinn zu verstehen, wäre eine Abschwächung von Jesu Taten.

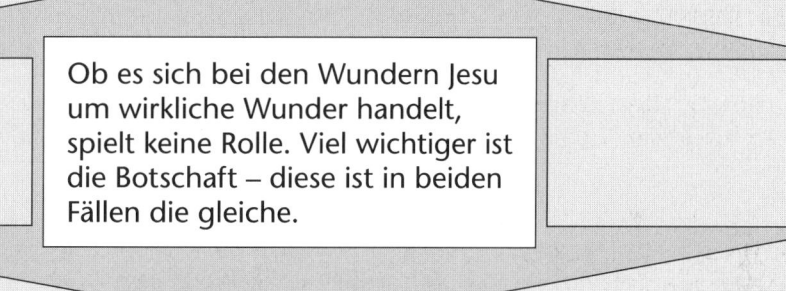

Ob es sich bei den Wundern Jesu um wirkliche Wunder handelt, spielt keine Rolle. Viel wichtiger ist die Botschaft – diese ist in beiden Fällen die gleiche.

CONTRA:

Menschen, die die Wunderberichte symbolisch verstehen, sind der Meinung: Die Wunder wurden absichtlich so aufgeschrieben und aufgebauscht. Dadurch sollte den Menschen klar werden, dass Jesus der Sohn Gottes ist. In Wahrheit hat er einfach den Menschen geholfen und sich um sie gekümmert, wie es jeder Mensch tun könnte und sollte. Aber es gab keine übernatürlichen Ereignisse.

❶ Warum finden es manche Christen gefährlich, die Wunder nur als Wunder im „übertragenen" Sinn zu akzeptieren?

❷ Was haben die biblischen Wunderberichte mit unserem Leben zu tun?

❸ Was würde Jesus zu den Diskussionen über „Pro-" und „Contra"-Wunder-Glauben sagen?

Zur Einführung

Überholte Wunder

Manche Menschen glauben nicht an Wunder. Sie sagen, viele Dinge, die früher als Wunder galten, können heute erklärt werden. Blickt man zurück auf die Menschheitsgeschichte, sieht man, dass die Menschen immer dann von Wundern sprechen, wenn die Natur oder die für sie erklärbare Natur an ihre Grenzen kommt. (Informationen: http://www.dradio.de/dlf/sendungen/studiozeit-ks/888866/)

Warum wie ein Wunder?   Wissenschaftliche Erklärung?
_____   _____

Warum wie ein Wunder?   Wissenschaftliche Erklärung?
_____   _____

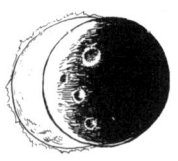

Warum ein Wunder?   Wissenschaftliche Erklärung?
_____   _____

Naturphänomene wie Gewitter oder Ebbe und Flut sind mittlerweile bestens erforscht und können genau erklärt werden. Manche Wissenschaftler versuchen sogar, biblische Wunder naturwissenschaftlich zu erklären.

Jesus geht über das Wasser – wissenschaftlich bewiesen?!

Der Meereswissenschaftler Doron Nof von der Florida State University will eine Erklärung gefunden haben, weshalb Jesus über das Wasser gehen konnte, ohne unterzugehen: Jesus sei tatsächlich über den See gegangen – das Wasser sei nämlich gefroren gewesen. Am See Genezareth sei es in den vergangenen 12 000 Jahren oft vorgekommen, dass das Wasser gefror. Vor 1 500 bis 2 500 Jahren war die Atmosphärentemperatur mindestens drei Grad niedriger als heute und Kälteeinbrüche seien nicht selten gewesen. Dies habe dort ca. alle 160 Jahre zu überraschenden Eisbildungen geführt.

(Informationen: http://www.sueddeutsche.de/wissen/727/326591/text/)

❶ Lest die Texte. Wie wird hier ein Wunder definiert?

❷ Schreibt auf, inwiefern die gezeichneten Dinge, Geräte usw. früher ein Wunder waren und heute erklärt werden können.

❸ Ist es sinnvoll, biblische Wunder naturwissenschaftlich erklären zu wollen? Sucht Argumente dafür und dagegen.

Zur Einführung

M4

Wie sind die biblischen Wunder zu verstehen?

Herr Dr. Schneider, wie sind die Wunder in der Bibel zu verstehen?

„Die Bibel ist keine Zeitung oder ein Protokoll, das ganz genau beschreibt, was passiert ist. Die Texte in der Bibel wurden von Autoren verfasst, die ein bestimmtes Ziel hatten: Sie wollten bei den Lesern den Glauben an Gott und Jesus wecken. Es war nicht ihr Ziel, zum Beispiel ein Wunder Jesu möglichst präzise zu beschreiben – viel mehr ging es ihnen um die Botschaft dieses Wunders. Wir können davon ausgehen, dass sie bei ihren Texten von Tatsachen ausgegangen sind. Aber wir müssen uns bei der Lektüre von Wundergeschichten vor Augen halten: Wundergeschichten beinhalten immer Aussagen, welche die Autoren dem Leser vermitteln wollten."

Manche Wunder sind nur in einem der vier Evangelien zu finden, manche von ihnen kommen in mehreren Evangelien vor. Sie berichten das gleiche Wunder, aber trotzdem sind die Texte nicht identisch:

Wie sind Wunderberichte entstanden?

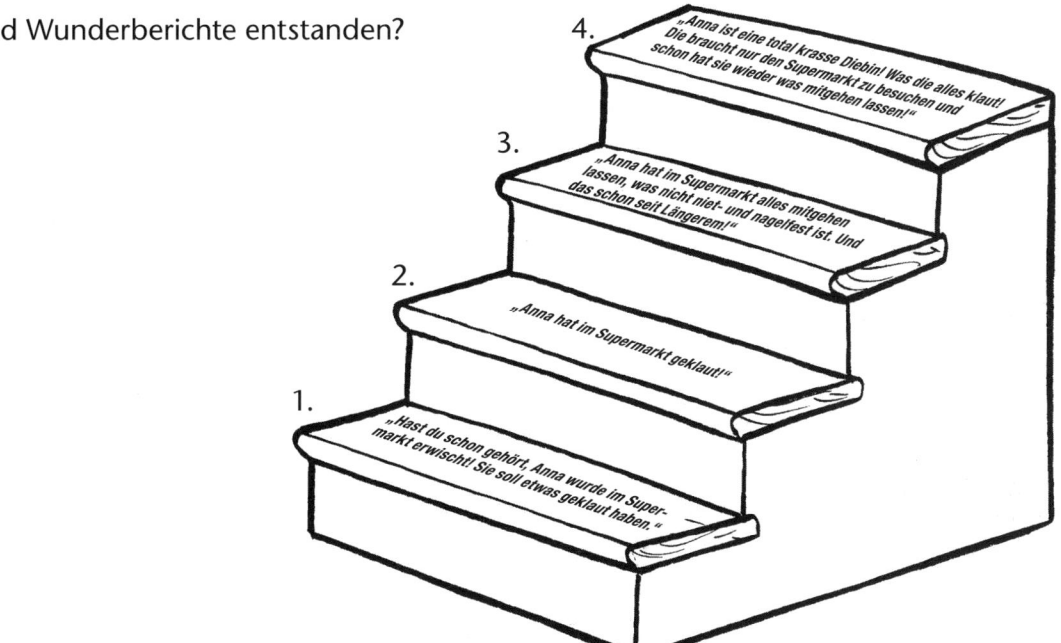

Augenzeugen sehen das Ereignis und erzählen es anderen Personen. Die anderen Personen erzählen es noch einmal weiter usw. Irgendwann wird der Bericht aufgeschrieben.

Telefon 1: *„Hast du schon gehört, Anna wurde im Supermarkt erwischt! Sie soll etwas geklaut haben."*

Telefon 2: *„Anna hat im Supermarkt geklaut!"*

Telefon 3: *„Anna hat im Supermarkt alles mitgehen lassen, was nicht niet- und nagelfest ist. Und das schon seit Längerem!"*

Telefon 4: *„Anna ist eine total krasse Diebin! Was die alles klaut! Die braucht nur den Supermarkt zu besuchen und schon hat sie wieder was mitgehen lassen!"*

 ❶ Was sind die wichtigsten Unterschiede zwischen einem Bericht in der Zeitung und einer Wundergeschichte?

❷ Worin besteht die Gefahr, wenn man sich ein Ereignis weitererzählt und nicht sofort aufschreibt?

M5 Zur Einführung

Jesus – Wunderheiler und Zauberer?!

Wissenschaftler sind sich heute einig, dass Jesus tatsächlich Menschen geheilt hat. Doch warum hat er Wunder vollbracht?

- Die Wunder sollten den Menschen die Augen für Gott öffnen.
- Jesus zeigte durch die Wunder, dass er Sohn Gottes ist, deshalb besondere Fähigkeiten hat und im Auftrag Gottes handelt.
- Die Wunder machten deutlich, dass Gott die Menschen liebt und sie heilen will.
- Die Wunder waren eine Art „Vorgeschmack" auf das Reich Gottes.

Zu Lebzeiten Jesu gab es viele Wunderheiler, die durch das Land zogen und Menschen gesund machten. Das war zu dieser Zeit ganz normal. Man wusste noch wenig über Krankheiten und deren Behandlung. Deshalb vertrauten sich viele Menschen Wunderheilern an, um gesund zu werden.

Steckbrief:

Die Wunder Jesu

Steckbrief:

Die Show eines Zauberers

Illusion | Zeichen von Gottes Kraft | Vorgeschmack auf Reich Gottes | Täuschung der Zuschauer | Tricks | Hilfe | Unterhaltung der Zuschauer | symbolische Handlung | Zauberspruch

←————— **Reaktion** —————→

Welchen Zweck verfolgte Jesus mit seinen Wundern? Ordnet die Beschreibung dem richtigen Steckbrief zu.

Wunderberichte aus der Bibel

Welche Arten von Wundern gibt es im Neuen Testament?

Heilungswunder

Die Stillung des Sturms
(Mk 4,35-41)

„Strafwunder" (durch das Wunder wird jemand bestraft)

Speisung der 5000
(Mt 14,13-24)

Erscheinungswunder

Hananias & Saphira
(Apg 5,1-11)

Befreiung von Dämonen

Der Gang nach Emmaus
(Lk 24,13-29)

Unreine Schweine
(Mk 5,1-20)

Rettungswunder

Heilung des Blinden
(Mk 10,46-52)

Geschenkwunder

❶ Ordnet die Wunder der entsprechenden Kategorie zu. Wenn ihr das Wunder nicht kennt, könnt ihr in der Bibel nachlesen.

❷ Kennt ihr weitere Wunder Jesu? Ordnet auch diese zu.

Vermehrung von Brot und Fisch

Ist Geiz geil?

Die Elektronikhandelskette Saturn sorgte mit ihrer frechen Kampagne „Geiz ist geil" für Aufsehen. Der Slogan wurde von vielen Menschen kritisiert. Zum Beispiel wurde der Firma vorgeworfen, sie würde Geiz als etwas Positives bezeichnen.

○ Es geht nur um mich!
○ Mir ist die Qualität wichtiger als der Preis.
○ Ich will möglichst wenig bezahlen!
○ Was kümmern mich die anderen?
○ Ich zahl mehr, damit alle einen fairen Lohn bekommen.
○ Das Gerät soll möglichst lange halten.

Geiz macht krank!

Ärzte wehren sich gegen das „Geiz ist geil"-Denken: Mit einer Kampagne unter dem Motto „Geiz macht krank" hat eine Ärztevereinigung die Bevölkerung aufgeklärt, was passiert, wenn der Staat den Krankenversicherungen mehr Freiheit gibt. Zwar muss man weniger zahlen, wenn man sich versichern lassen will, doch Menschen mit wenig oder keinem Einkommen würden dann nur noch schlecht medizinisch versorgt werden können, da das Geld fehlt. Die Kampagne zeigte, dass man sich beim Kampf um möglichst günstige Krankenversicherungen gegen Geiz an den falschen Stellen wehrt. Dadurch würde man die Versorgungssicherheit der Patienten und die Qualität der ärztlichen Leistungen gefährden.

(Informationen: http://www.kbv.de/geizmachtkrank.html)

Auswirkungen:

– _____

– _____

– _____

– _____

❶ Welche Ziele verfolgte Saturn mit seinem Werbeslogan bzw. welches Image wollte die Firma vermitteln?

❷ Welche Sätze passen zum „Geiz-ist-geil-Slogan"? Kreuzt an.

❸ Welche negativen Auswirkungen befürchten die Ärzte von einem „Geiz ist geil-Denken"?

Vermehrung von Brot und Fisch

M8

Hunger in der Welt

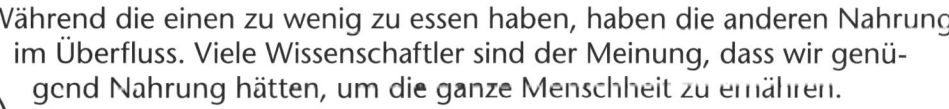

Während die einen zu wenig zu essen haben, haben die anderen Nahrung im Überfluss. Viele Wissenschaftler sind der Meinung, dass wir genügend Nahrung hätten, um die ganze Menschheit zu ernähren.

– Täglich sterben 100 000 Menschen an den Folgen von Hunger.

– Täglich wird in der Stadt Wien so viel Brot weggeworfen, wie die Stadt Graz an einem Tag braucht.

– Schätzungen gehen davon aus, dass in Deutschland jährlich Lebensmittel im Wert von rund zehn Milliarden Euro weggeworfen werden, weil sie nicht rechtzeitig verkauft oder konsumiert werden.

Nicht wegwerfen, sondern verteilen

Auch in Deutschland haben nicht alle Menschen genug zu essen. Trotzdem werden täglich in Supermärkten, Restaurants usw. Brote und viele andere Nahrungsmittel weggeworfen, weil sie nicht verkauft werden konnten. Mittlerweile bemühen sich verschiedene Vereine und Organisationen, Sach- und Lebensmittelspenden zu sammeln und diese an bedürftige Menschen zu verteilen (z. B. „Die Tafel"). Freiwillige Helfer von diesen Vereinen fahren abends bei den verschiedenen Supermärkten und Restaurants vorbei und sammeln Lebensmittel. Anschließend werden sie an Menschen verteilt, die mit sehr wenig Geld auskommen müssen. So wird verhindert, dass Nahrungsmittel einfach weggeworfen werden. Allein in Berliner Supermärkten werden täglich ca. 18 Tonnen unverkaufte, frische Lebensmittel eingesammelt. Das sind 550 Tonnen im Monat, das entspricht etwa dem Gewicht von 300 E-Klasse-Mercedes-Wagen.

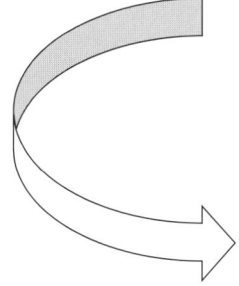

Und ich?

Welchen Beitrag kann ich leisten für eine gerechte Verteilung von Nahrungsmitteln?

 ❶ Manche Menschen sind der Meinung, dass jeder Mensch, der an Hunger stirbt, ermordet wird. Was könnten sie damit meinen?

❷ Gibt es auch bei euch Organisationen wie die „Tafel"? Erkundigt euch in Supermärkten und Restaurants, was mit den Lebensmitteln, die nicht verkauft werden konnten, passiert.

Brot & Fische

Wunder spielen auch heute für Christen eine wichtige Rolle. Manche Wunderorte kann man sogar besuchen.

Biblischer Text:

14 Als er ausstieg und die vielen Menschen sah, hatte er Mitleid mit ihnen und heilte die Kranken, die bei ihnen waren.

15 Als es Abend wurde, kamen die Jünger zu ihm und sagten: Der Ort ist abgelegen und es ist schon spät geworden. Schick doch die Menschen weg, damit sie in die Dörfer gehen und sich etwas zu essen kaufen können.

16 Jesus antwortete: Sie brauchen nicht wegzugehen. Gebt ihr ihnen zu essen! ...

Mt 14,14-16

„Wunderorte" besuchen

In Tabgha am Nordufer des Sees Gennesaret in Galiläa steht die „Brotvermehrungskirche". Die Kirche ist das Ziel von vielen Pilgern. Man geht davon aus, dass Jesus an diesem Ort das Wunder der Brotvermehrung vollbracht hat. Die Kirchen werden von zwei Klostergemeinschaften – italienischen Franziskanern und deutschen Benediktinern – betreut. Als Einrichtung für Gäste ist ein Pilgerhaus vorhanden und südlich der Brotvermehrungskirche wurde zu Beginn der 1980er Jahre eine Behinderten- und Jugendbegegnungsstätte eingerichtet.

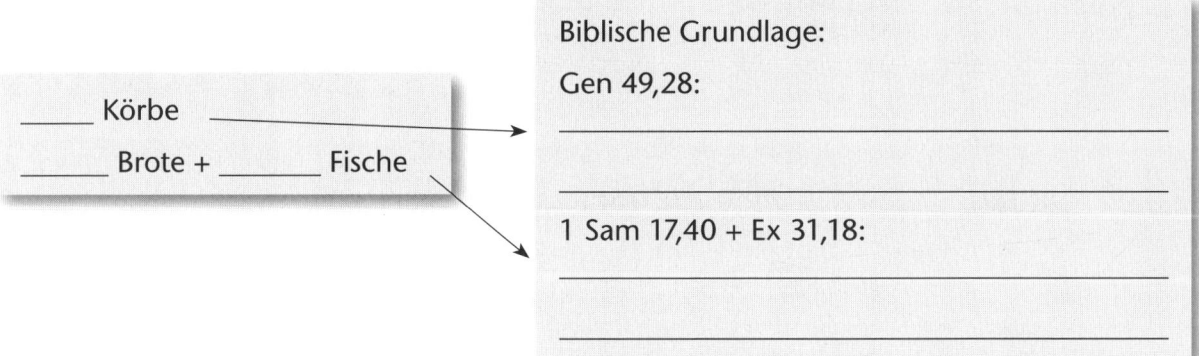

Symbolische Zahlen:

Die Zahlen in den Wunderberichten des Neuen Testaments haben meistens eine symbolische Bedeutung. Oft sind die gleichen Zahlen schon in älteren Erzählungen im Alten Testament zu finden. Zahlen wie die 7, 12 oder 40 stehen für „Vollkommenheit" oder „Ganzes" und kommen deshalb häufig vor. Sie sollen deutlich machen, dass Gott seine Finger im Spiel hat. Wunderberichte sind keine gewöhnlichen Erzählungen, sondern vermitteln eine wichtige Botschaft Gottes. So auch beim Wunder von der Speisung der 5000 Menschen: Es war nicht das Ziel der Verfasser, exakt anzugeben, wie viele Leute anwesend oder wie viele Brote und Fische tatsächlich vorhanden waren. Die Zahl bzw. die Kombination aus verschiedenen Zahlen sollte eine Botschaft vermitteln (z. B. 5 + 2 = 7 = vollkommen = göttliche Zahl).

❶ Lest den vollständigen Bericht von der Brotvermehrung (Mt 14,14-21). Tragt die Zahlen in das Feld oben ein.

❷ Lest in der Bibel nach, welche Bedeutung die Zahlen haben bzw. in welchem Kontext sie vorkommen (siehe „Biblische Grundlage"). Notiert eure Ergebnisse in Stichpunkten. Tragt die Zahlen in den linken Kasten ein.

❸ Kennt ihr weitere Zahlen aus dem Alltag, der Bibel usw., die eine symbolische Bedeutung haben?

Die eigene Verantwortung

Vermehrung von Brot und Fisch — M10

Jesus:

13 Als Jesus all das hörte, fuhr er mit dem Boot in eine einsame Gegend, um allein zu sein. Aber die Leute in den Städten hörten davon und gingen ihm zu Fuß nach.

14 Als er ausstieg und die vielen Menschen sah, hatte er Mitleid mit ihnen und heilte die Kranken, die bei ihnen waren.

15 Als es Abend wurde, kamen die Jünger zu ihm und sagten: Der Ort ist abgelegen und es ist schon spät geworden. Schick doch die Menschen weg, damit sie in die Dörfer gehen und sich etwas zu essen kaufen können.

16 Jesus antwortete: Sie brauchen nicht wegzugehen. Gebt ihr ihnen zu essen! …

Jünger:

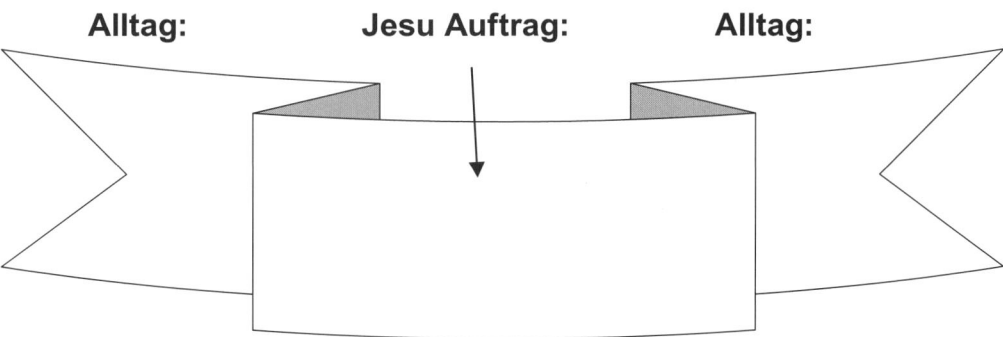

Alltag: **Jesu Auftrag:**   **Alltag:**

Eine Frau von den 5000 Menschen: „Seine Begleiter, die haben sich nicht groß gekümmert und uns auf die umliegenden Dörfer verwiesen. Aber Jesus, der fand ihr Verhalten sehr verantwortungslos und hat die Sache in Angriff genommen …"

❶ Was macht Jesus? Was machen die Jünger? Notiert eure Ergebnisse in den Tabellen oben.

❷ Inwiefern unterscheidet sich Jesu Verhalten von dem seiner Jünger?

❸ Wer sorgt für das Wunder?

❹ Welchen Auftrag gibt Jesus in diesem Wunderbericht? Welche Konsequenzen hat dieser für unseren Alltag? Schreibt in das Banner.

M11 Vermehrung von Brot und Fisch

Ablauf eines Wunders – ganz genau betrachtet

- Zauberspruch
- Aus heiterem Himmel stehen plötzlich 70 prall gefüllte Körbe auf dem Tisch.
- Alle reiben sich vor Erstaunen die Augen.
- Alle stürzen sich auf Brote und Fische.
- Alle schlagen sich die Bäuche voll, bis ihnen übel ist.

→ **So war es wirklich:**

Matthäus 14,19-21:

Dann ordnete er an, **die Leute sollten sich ins Gras setzen.** → *Alle sterben fast vor Hunger, aber Jesus bittet sie erst einmal Platz zu nehmen und Ruhe zu bewahren.*

Und er nahm die fünf Brote und die zwei Fische, blickte zum Himmel auf, **sprach den Lobpreis**, brach die Brote und gab sie den Jüngern; die Jünger aber gaben sie den Leuten, →

und alle aßen und wurden satt. Als die Jünger die **übrig gebliebenen Brotstücke einsammelten, wurden zwölf Körbe voll.** →

Es waren **etwa fünftausend Männer**, die an dem Mahl teilnahmen, dazu noch Frauen und Kinder. (Mt 14,19–21) →

❶ Kommentiert die Verse aus dem Matthäusevangelium mit eigenen Worten und korrigiert damit die falschen Behauptungen auf der linken Seite ganz oben.

❷ Lest die Bibelverse ganz genau. Weshalb sind die fett markierten Passagen speziell bzw. anders als erwartet? Schreibt eure Kommentare auf.

Vermehrung von Brot und Fisch

M12

Teilen – etwas, das jeder kann

TEILEN ←――――――→ HAMSTERN

„Für jeden ein bisschen" „Ich will alles und noch mehr"

„Teilen? Ich hab doch eh schon zu wenig Geld!"

Auch wer knapp bei Kasse ist, kann teilen: Zeit, ein Lächeln, ein nettes Wort, …

Zeit mit anderen teilen

Im Verein „Zeit teilen" teilen Menschen ihre Freizeit mit Behinderten. Diese freuen sich, wenn jemand sich Zeit nimmt, mit ihnen zu spielen, Musik zu machen oder ihnen etwas vorliest. Weiterhin zählen zu den Aktivitäten spazieren gehen, Ausflüge unternehmen oder ein Kirchenbesuch am Sonntag. Diese Freizeitaktivitäten bringen nicht nur Abwechslung in den Alltag, sondern die behinderten Menschen können durch die Unterstützung Dinge tun, die für sie sonst eine zu große Herausforderung wären. Dazu gehören auch Ausflüge mit Bus oder Bahn oder der Besuch von Veranstaltungen.

(Informationen aus: www.zeit-teilen.de)

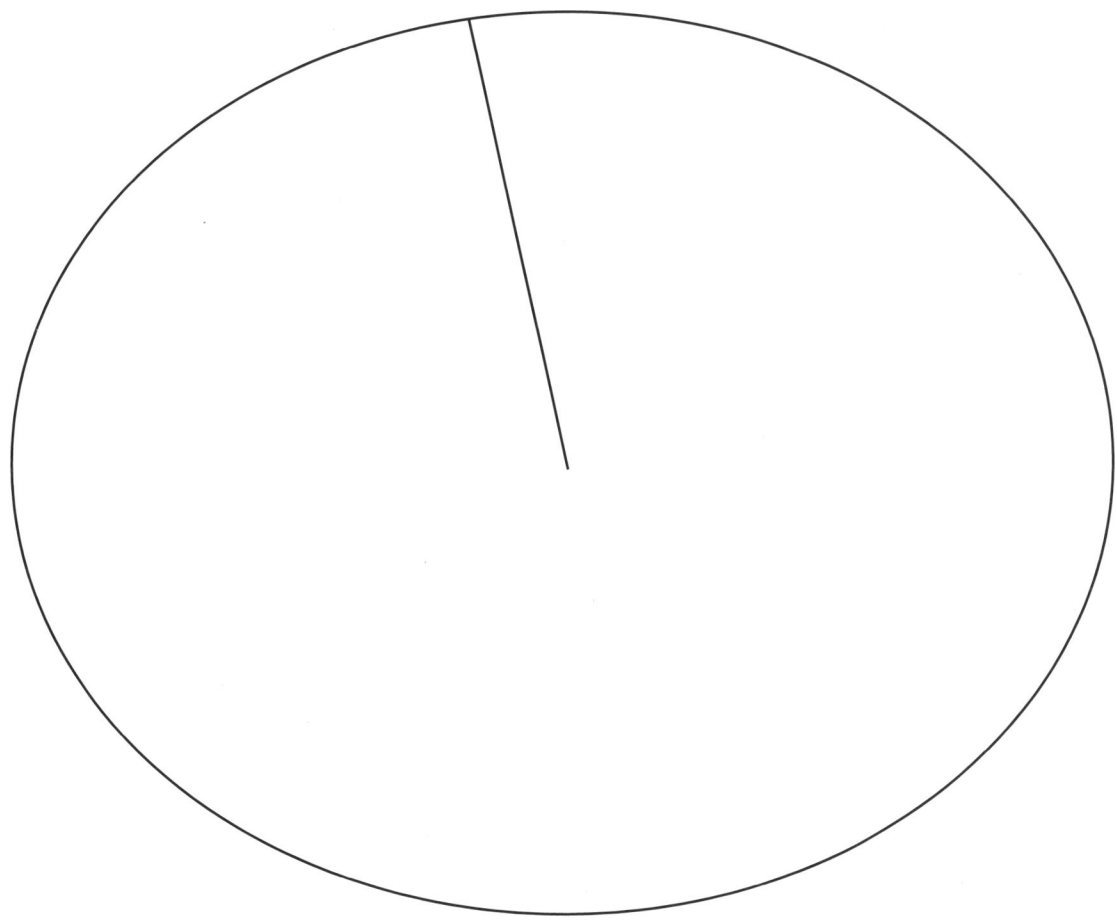

 Jeder Mensch hat etwas, das er teilen kann. Teilt den Kuchen in Stücke auf, sodass für jeden von eurer Klasse ein Stück übrig bleibt. Nun überlegt sich jeder, was er teilen kann. Tragt eure Ideen anschließend wieder in Kuchenform zusammen.

Jesus und der Sturm

Gefahr droht

„Pandemie lässt sich nicht aufhalten"

Die Pandemie lässt sich nicht mehr aufhalten: Mediziner gehen davon aus, dass sich der Virus in Kürze auf der ganzen Welt ausbreiten wird. Es herrscht Alarmstufe Rot. Berichte aus Japan lassen das Schlimmste befürchten. Die deutsche Gesundheitsministerin sagte, dass kein Grund zur Panik bestehe. Man müsse aber wachsam bleiben. Die Zahlen sprechen aber eine andere Sprache: In Australien sind bereits fünfzig Personen gestorben, nachdem sie sich mit dem Virus angesteckt hatten. Es scheint nur eine Frage der Zeit zu sein, bis die Welle auch auf Deutschland überschwappt.

„_____"

„_____"

„_____"

„_____"

Panik = *Zustand von totaler und größter Angst vor realen oder drohenden Situationen; kann die Aufmerksamkeit beeinträchtigen oder sogar ganz ausschalten, was zu gefährlichen Reaktionen führen kann (z. B. Massenpanik).*

❶ Erinnert euch an weitere Sensationsmeldungen von drohenden Gefahren, die in den letzten Monaten in den Medien verbreitet wurden. Schreibt sie auf die Linien.

❷ Was bewirken Medienberichte über Schweinegrippe und andere Gefahren?

❸ Warum bringen Medien solche Meldungen?

Jesu Freunde in Panik

Angst vor Umweltkatastrophen, vor Krankheiten, vor Epidemien … Schon immer gerieten Menschen schnell in Panik. Auch die Jünger von Jesus ließen sich in Panik versetzen:

Und am Abend dieses Tages sagte er zu ihnen: Wir wollen ans andere Ufer hinüberfahren. Sie schickten die Leute fort und fuhren mit ihm in dem Boot, in dem er saß, weg; einige andere Boote begleiteten ihn.

Stimmung?

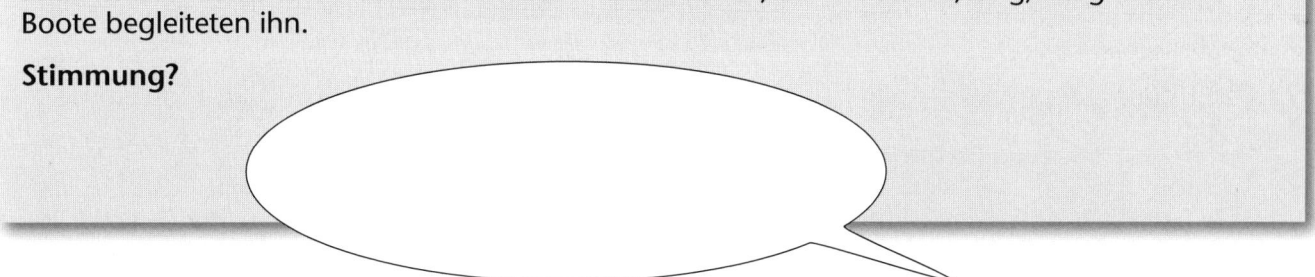

Plötzlich erhob sich ein heftiger Wirbelsturm, und die Wellen schlugen in das Boot, sodass es sich mit Wasser zu füllen begann. Er aber lag hinten im Boot auf einem Kissen und schlief. Sie weckten ihn und riefen: Meister, kümmert es dich nicht, dass wir zugrunde gehen?

Stimmung?

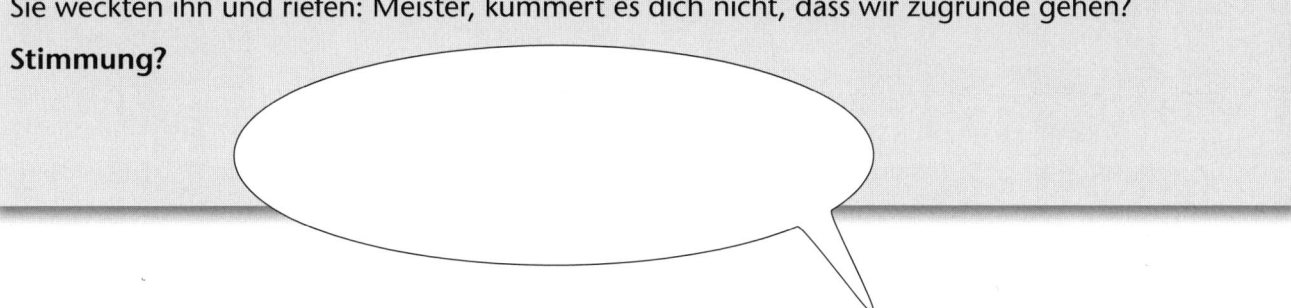

❶ Lest den Wunderbericht (Mk 4,35-41). Zählt auf, was Jesus während der Fahrt alles tut. Was an seinem Verhalten macht deutlich, dass er anders ist als ein gewöhnlicher Mensch?

❷ Sucht fünf Adjektive, die die Atmosphäre/Stimmung im ersten und zweiten Teil der Erzählung beschreiben, und schreibt sie in die Sprechblasen.

❸ Überlegt euch Worte und Sätze, die die Jünger riefen, als sie ins Gewitter gerieten.

M15 — Jesus und der Sturm

Jesus & der Sturm – heute

Zu Zeiten Jesu war die Schifffahrt ein gefährliches Unterfangen: Es gab keine genauen Wettervorhersagen wie heute, keinen Kompass, keine Radargeräte und auch die Schiffe waren nicht so sicher und wetterbeständig gebaut. Oft verirrten sie sich oder gingen im Sturm unter.

Diesen Gefahren waren auch die Jünger ausgesetzt. Als sie mit dem Boot in einen Sturm gerieten, wussten sie, dass sie dem Unwetter hilflos ausgeliefert waren und sich in Lebensgefahr befanden. Sie suchten Hilfe bei Jesus.

Da stand er auf, drohte dem Wind und sagte zu dem See: Schweig, sei still!! Und der Wind legte sich und es trat völlige Stille ein. Er sagte zu ihnen: Warum habt ihr solche Angst? Habt ihr noch keinen Glauben?

Ängste der Jünger – Wovor fürchteten sie sich genau?
- dass das Schiff untergeht
- dass Jesus zu spät merkt, in welcher Gefahr sie sich befinden
- dass Jesus doch nicht helfen kann

❶ Wie wäre die Geschichte wohl heutzutage abgelaufen? Schreibt eine Version, die sich im Flugzeug abspielt.

❷ Wie reagiert Jesus auf die Jünger? Was hat seine Reaktion zu bedeuten?

❸ Was ist den Jüngern am Schluss durch den Kopf gegangen? Schreibt einen kurzen Monolog aus der Sicht eines Jüngers.

❹ Was ist die Botschaft dieser Geschichte? Was will Jesus mit seinem Wunder demonstrieren?

Wie Angst überwinden?

Im Leben wird man mit kleinen und großen Ängsten konfrontiert. Oft stellt sich im Nachhinein heraus, dass die Angst völlig unbegründet war.

„Glückliche Wendungen":

– Prüfung total vermasselt – doch dann kriegt man eine gute Note …

– Ein plötzlicher Computerabsturz – die Daten sind doch nicht verloren …

– Man hat den letzten Bus verpasst und weiß nicht, wie man nach Hause kommen soll – doch dann bietet sich eine Mitfahrgelegenheit an …

– …

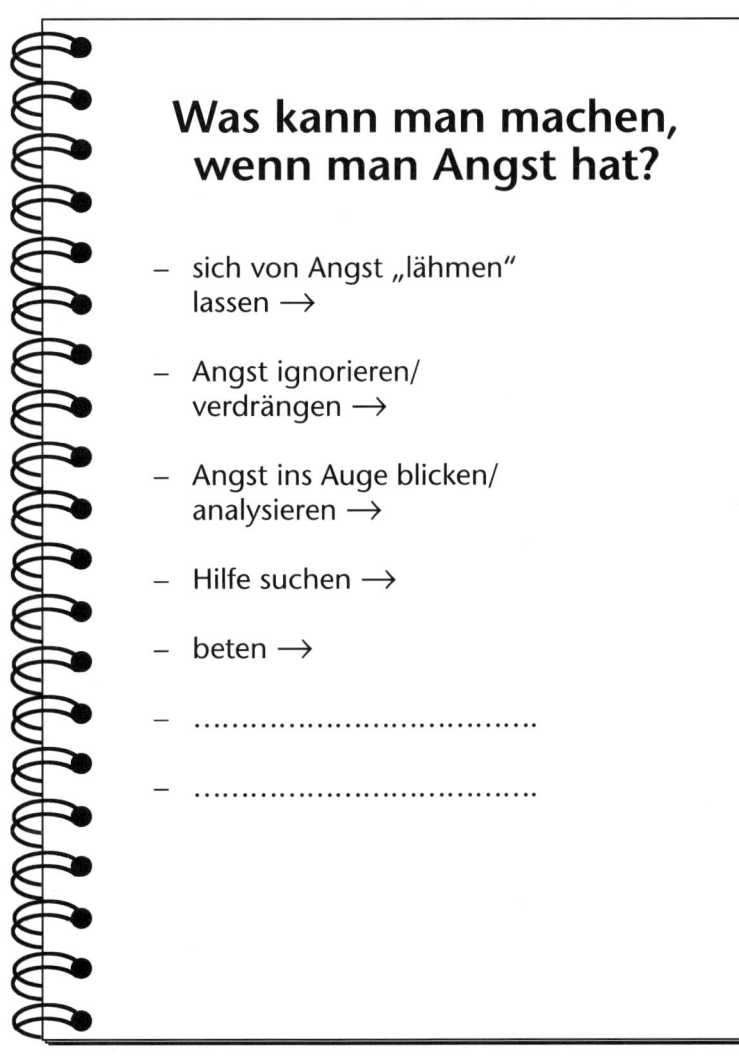

Was kann man machen, wenn man Angst hat?

– sich von Angst „lähmen" lassen →

– Angst ignorieren/ verdrängen →

– Angst ins Auge blicken/ analysieren →

– Hilfe suchen →

– beten →

– ....

– ....

❶ Wie könnte man die „glücklichen Wendungen" erklären?

❷ Wie geht ihr mit Angst um? Ergänzt eure Ideen auf dem Notizzettel!

❸ Wozu führt das auf dem Notizzettel beschriebene Verhalten? Notiert eure Ideen hinter den Pfeilen.

❹ Verfasst ein Gebet, in dem ihr Gott um Hilfe für etwas bittet, vor dem ihr Angst habt.

Keine Angst vor der Angst

Man ist der Angst nicht gnadenlos ausgeliefert. Gegen viele Ängste kann man etwas machen. Manchmal hilft es schon, sich zu überlegen, was genau einem Angst macht und wie groß die Chance ist, dass das Befürchtete eintrifft.

KURZUMFRAGE

Wovor habt ihr Angst?

ICH	Anzahl in der Klasse
○ Spinnen	_____
○ Höhenangst	_____
○ Prüfungen	_____
○ Referat halten	_____
○ Im Gewitter unterwegs sein	_____

Angst = Gefühlszustand, der von einer realen, nicht konkreten und von einer bloß vorgestellten Bedrohung verursacht ist. Jeder Mensch erlebt Angst anders (vgl. Harenberg Kursbuch Bildung, S. 17, Dortmund 2003).

Furcht = ein Gefühl konkreter Bedrohung, bezieht sich auf eine gegenwärtige oder vorausgeahnte Gefahr.

Angst/Furcht vor was?	Wie groß ist Gefahr?	Wie schützen?
Prüfungen		
Spinnen		
Flugangst		

❶ Kreuzt zunächst an, vor was ihr persönlich Angst habt. Tragt danach ein, wie viele Schüler eurer Klasse Angst vor den angegebenen Dingen haben.

❷ Was ist der Unterschied zwischen Angst und Furcht? Nennt für beide Formen drei Beispiele.

❸ Überlegt euch, wie „groß" die Gefahren für die genannten Ängste sind. Wie kann man sich davor schützen? Füllt die Tabelle aus und überlegt euch noch zwei weitere Beispiele für eine Furcht/Angst.

Verschiedene Lähmungen

Heilung des Gelähmten — M18

„Ich war so geschockt, ich war wie gelähmt …"

„Als der kläffende Hund auf mich zurannte, konnte ich mich nicht mehr vom Fleck rühren."

„Ich war vor Schüchternheit fast wie gelähmt."

„Es hat mir so leid getan, dass ich ihm das angetan habe – das Ganze hat mich echt gelähmt."

PSYCHISCH

Ausgrenzung wegen einer körperlichen Behinderung

Absurd, aber wahr: Auch heute werden in Deutschland Menschen, die eine körperliche Behinderung haben, diskriminiert. Die meisten Fälle geschehen im Verborgenen. Beim Beauftragten der Bundesregierung für die Belange behinderter Menschen ist in den vergangenen zehn Jahren jedoch eine große Zahl von Fällen bekannt geworden, die einen umfassenden und gleichzeitig erschreckenden Blick auf den Diskriminierungsalltag behinderter Menschen in Deutschland zulassen: Es gibt Fälle, bei denen ihnen verweigert wurde, sie im Taxi mitzunehmen. Es gibt aber auch Restaurants, wo sie nicht bedient werden. Noch extremere Beispiele gibt es aus dem Arbeitsalltag: Behinderte werden im Berufsleben und beim Abschluss privater Versicherungsverträge zum Teil sehr benachteiligt. Untersuchungen haben ergeben, dass Menschen mit Behinderung überdurchschnittlich häufig arbeitslos sind. Im Weiteren weiß man, dass Behinderte häufiger Opfer von Belästigungen und sexuellen Übergriffen sind als Menschen ohne Behinderung.

(Informationen: http://www.startrampe.net/arge/home/artikel_pdf/~A588/)

KÖRPERLICH

❶ Lest die Zitate in der linken Spalte. Warum bezeichnen sich die Personen in ihrer Situation als wie „gelähmt"?

❷ Mit welchen Herausforderungen werden Menschen mit einer körperlichen Behinderung im Alltag konfrontiert? Lest hierzu den Text auf der rechten Spalte.

Die Bibel und körperliche Behinderung

Diskriminiert die Bibel körperlich Behinderte?!

Als Jesus ihren Glauben sah, sagte er zu dem Gelähmten: Mein Sohn, deine Sünden sind dir vergeben! Einige Schriftgelehrte aber, die dort saßen, dachten im Stillen: Wie kann dieser Mensch so reden? Er lästert Gott. Wer kann Sünden vergeben außer dem einen Gott? Jesus erkannte sofort, was sie dachten, und sagte zu ihnen: Was für Gedanken habt ihr im Herzen? Ist es leichter, zu dem Gelähmten zu sagen: Deine Sünden sind dir vergeben!, oder zu sagen: Steh auf, nimm deine Tragbahre und geh umher? Ihr sollt aber erkennen, dass der Menschensohn die Vollmacht hat, hier auf der Erde Sünden zu vergeben. Und er sagte zu dem Gelähmten: Ich sage dir: Steh auf, nimm deine Tragbahre, und geh nach Hause! Der Mann stand sofort auf, nahm seine Tragbahre und ging vor aller Augen weg. (Markus 2,5-12)

Lähmung – medizinische Auffassung:

– kann körperliche Ursachen haben: z. B. Verletzung der Wirbelsäule oder des Rückenmarks, Schädigung eines Nervs oder Muskels.

– kann psychische Ursachen haben: körperlich funktioniert alles einwandfrei, aber man kann sich aufgrund eines Schocks, einer Belastung usw. plötzlich nicht mehr bewegen – das kann kurzfristig, aber auch langfristig sein.

❶ Das Wunder von der Heilung eines Gelähmten kann aus heutiger Sicht missverstanden werden. Was ist „problematisch" an diesem Text?

❷ Wie oft kommt das Wort Sünde in dieser Wundergeschichte vor? Kennzeichnet es farblich.

❸ Was für ein Bild von Behinderung bzw. Krankheit wird in diesem Bibeltext vertreten? Fasst diese Ansichten in Schlagzeilen zusammen und schreibt sie in die Sprechblasen.

❹ Ist diese Geschichte ein Bericht von einem Wunder oder bloß die Geschichte einer Sündenvergebung? Diskutiert miteinander.

Dr. med. Jesus?!

Jesus hat Menschen geheilt, trotzdem tat er nicht das Gleiche wie ein Arzt. Er heilte Menschen von Gebrechen und Beschwerden, die sie existenziell (das heißt: ihr Leben total beeinträchtigend) betrafen. Denn Menschen mit einer schweren Erkrankung oder Behinderung konnten nicht am normalen gesellschaftlichen Leben teilnehmen.

Jesus = ganzheitliches Heil für den Menschen (Mensch gesund, zufrieden und glücklich machen)

Arzt = körperliche und psychische Gebrechen heilen (Mensch „gesund" machen)

Damals hatte man eine andere Auffassung von Krankheit als heute.

Damals:

- Behinderung/Krankheit als Strafe
- Konsequenz für Sünden
- Krankheit betrifft ganzen Menschen

Heute:

- Genetische Ursachen
- Krankheit als Konsequenz von schlechtem Lebenswandel/ schlechter Ernährung
- Schicksal
- Krankheit betrifft meistens schwerpunktmäßig einen „Teil" des Körpers (z. B. Fuss, Bauch, …)
- …

Heute wissen die Mediziner, dass sich psychische Leiden auf den Körper auswirken und Krankheiten verursachen können.

❶ Wie unterscheidet sich das Verständnis von Krankheit früher und heute?

❷ Warum ging es Jesus darum, den Menschen „ganzheitlich" gesund zu machen? Was gehört alles dazu?

M21 Heilung des Gelähmten

Ein Wunder sorgt für Emotionen

Die Wunder von Jesus sorgten bereits damals für Zündstoff.

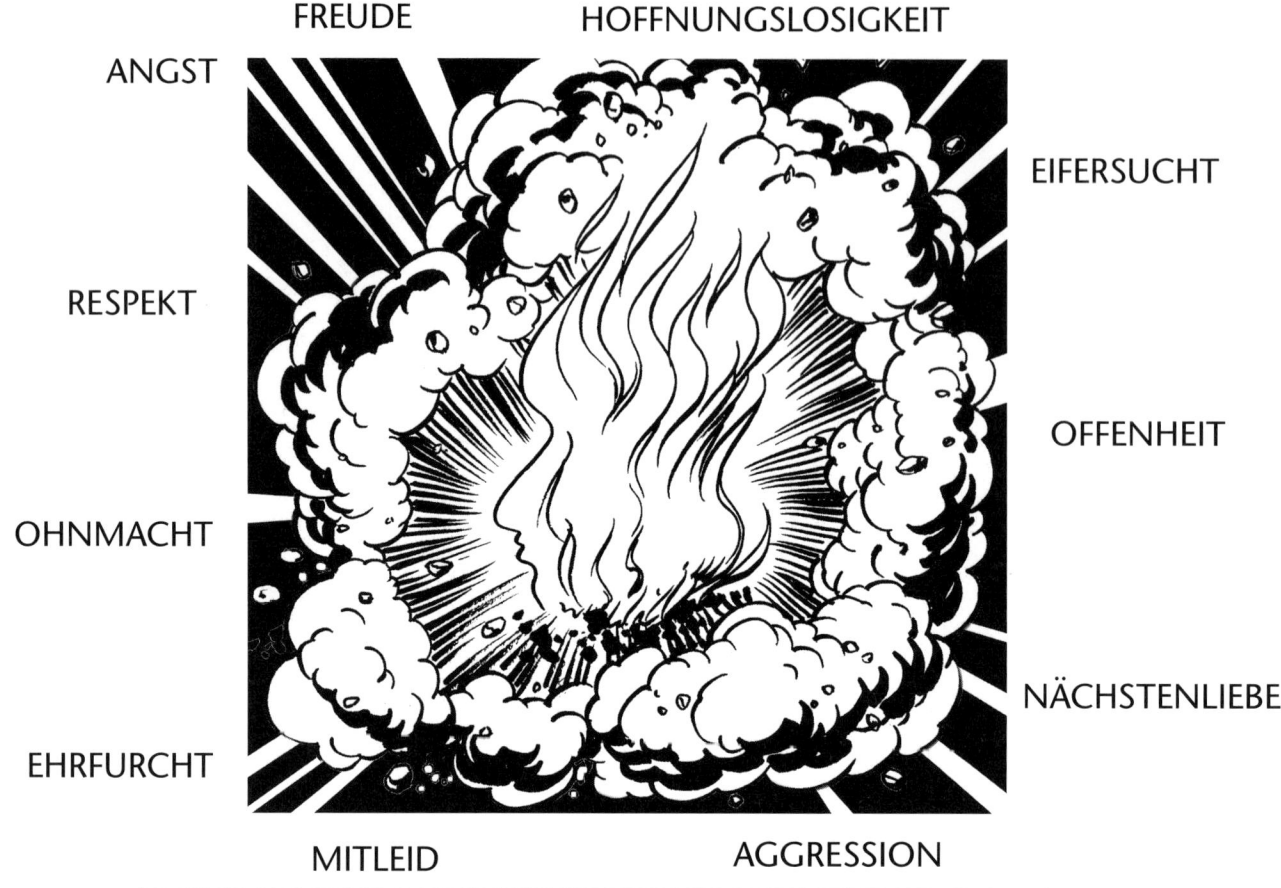

FREUDE HOFFNUNGSLOSIGKEIT
ANGST
EIFERSUCHT
RESPEKT
OFFENHEIT
OHNMACHT
NÄCHSTENLIEBE
EHRFURCHT
MITLEID AGGRESSION

| Jesus (Grün) | Gelähmter (Gelb) |
| Freunde des Gelähmten (Orange) | Schriftgelehrte (Blau) |

Steckbrief

Name: Jesus

Auch bekannt als: _____

Vollmacht zu: _____

Streitfall: Darf Jesus Sünden vergeben?

Die Schriftgelehrten beschweren sich, weil Jesus im Namen Gottes auftrat. Das war damals strengstens verboten und galt nach jüdischem Verständnis als Gotteslästerung. Die Schriftgelehrten waren noch erzürnter, weil Jesus gerade am Sabbat heilte, also am Ruhetag, an dem jede Arbeit verboten war.

❶ Lest die Wundererzählung in der Bibel (Markus 2,1-12) nach und füllt den Steckbrief für Jesus aus.

❷ Ordnet die verschiedenen Gefühle oben den Menschen zu, die in dieser Wundergeschichte vorkommen. Nehmt für alle Personen eine andere Farbe.

❸ Warum hält sich Jesus nicht ans Sabbat-Gebot?

❹ Vermutlich hat jede beteiligte Person auf eine andere Weise seinen Freunden von diesem Wunder erzählt. Verfasst aus jeder Perspektive eine kurze Zusammenfassung des Ereignisses. Ihr könnt arbeitsteilig arbeiten.

Die Last der Schuld

Schuld kann nicht nur seelisch, sondern auch körperlich belasten. Das war nicht nur beim gelähmten Mann so, sondern kommt auch in unserem Alltag vor.

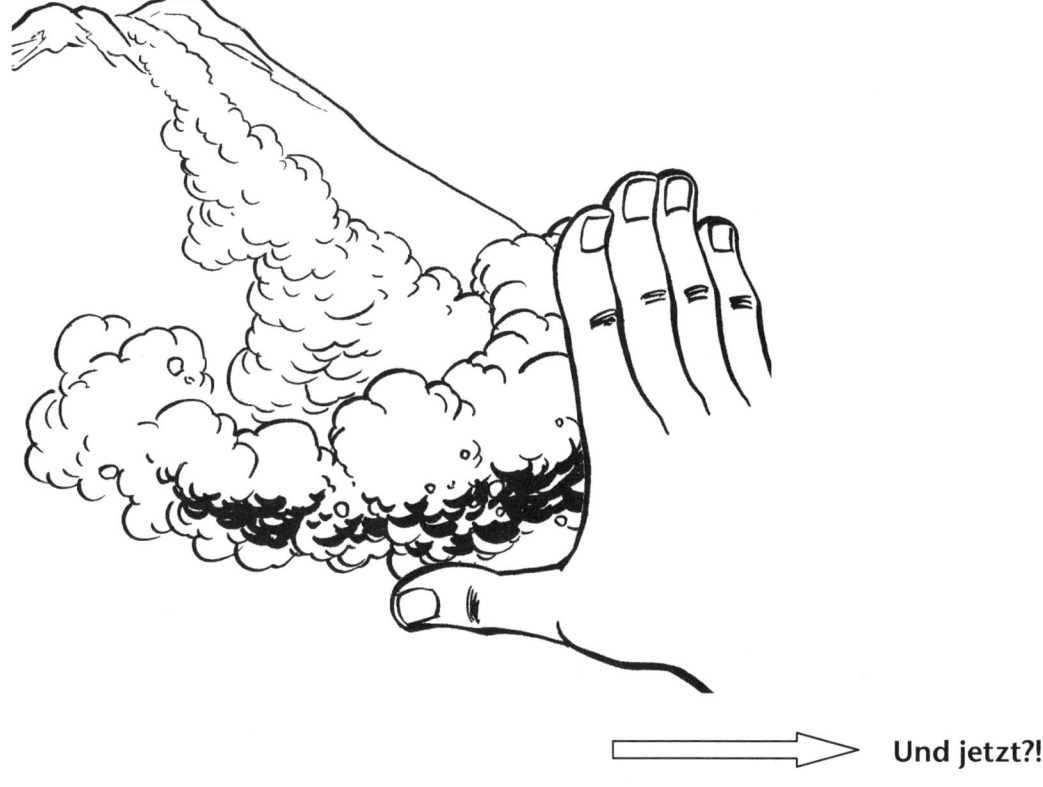

⟹ **Und jetzt?!**

Schlafstörungen werden oft durch Kummer, Sorgen oder Aufregung verursacht. Meistens hält die Störung nur kurz an. Leidet ein Mensch über einen längeren Zeitpunkt daran, kann sich der mangelnde Schlaf auf seine Leistung und auch die Gesundheit auswirken. Am meisten betroffen von Schlafstörungen sind Jugendliche und ältere Menschen.

Verdauungsprobleme oder Bauchkrämpfe können psychische Ursachen haben. Es gibt Menschen, die bekommen Durchfall, wenn sie Stress haben, andere wiederum können tagelang nicht auf die Toilette. Warum sich die Psyche so stark auf die Verdauung auswirkt, ist noch nicht ganz erforscht.

„Die Schuld lastet wie ein schwerer Stein auf meinen Schultern."

Ideen zum Umgang mit Schuldgefühlen:

⟹
⟹
⟹

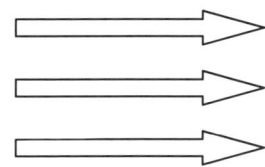

❶ Wie erging es euch, als ihr euch einmal extrem schuldig gefühlt habt?

❷ Welche Auswirkungen kann verdrängte Schuld verursachen? Schreibt sie in und um die Lawine.

❸ Welche Möglichkeiten gibt es, wenn man von Schuldgefühlen geplagt wird? Schreibt neben die Pfeile.

M23 Heilung des Gelähmten

Die Kunst des Vergebens

Gott will von Schuld befreien und uns ein neues, befreites Leben schenken. Jesus hat das symbolisch mit seinen Wundern sichtbar gemacht. Was bedeutet das nun konkret für unser Leben?

– das Geheimnis der besten Freundin ausgeplaudert …

– mit dem Fahrrad die Vorfahrt missachtet und einen Autounfall verursacht …

– aus Angst vor der Strafe einen anderen beschuldigt …

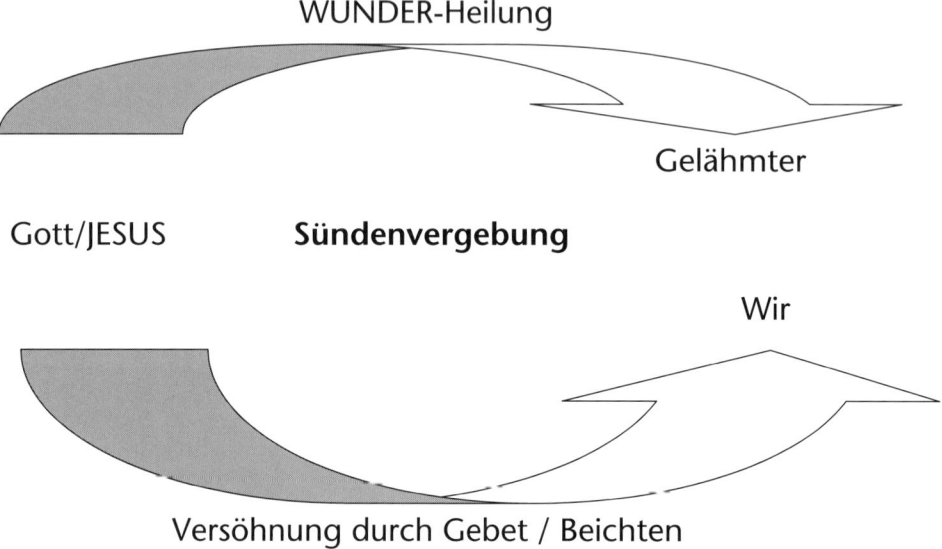

Schritte zur Sündenvergebung:

1. _____

2. _____

3. _____

4. _____

5. _____

❶ Welche Schritte sind notwendig, damit man die Befreiung von Sünden erleben kann? Schreibt sie in den Kasten.

❷ Gab es Situationen, in denen euch Menschen nicht vergeben haben? Was hat sie daran gehindert, euch zu verzeihen?

❸ Warum reicht manchmal ein einfaches „Sorry" nicht aus? Und warum sind wir dann auf Gottes Vergebung angewiesen?

Wir sind blind

„Wir sorgen für den Durchblick – mit unseren Brillen sehen Sie alles!"

Ihr Optiker Schätzle

© Helga Gross

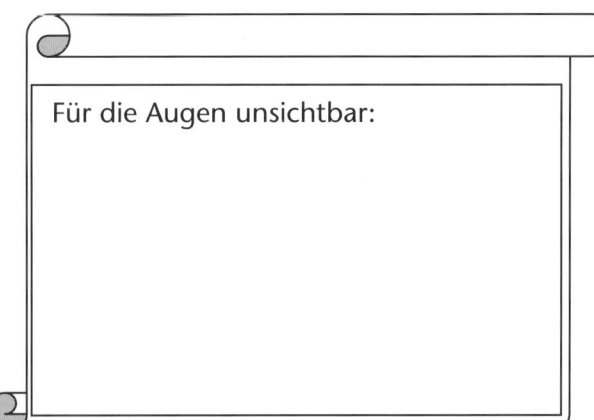

Für die Augen unsichtbar:

„Wir sind alle blind!"

© M. Hauck

© Marco Kröner

(Alle Bilder: http://www.pixelio.de © pixelio.de)

❶ Welche Dinge kann man auch mit der besten Brille nicht sehen?
Schreibt sie oben in den Kasten.

❷ Wir alle sind in verschiedenen Bereichen des Alltags wie blind.
Versieht die Fotos mit den entsprechenden Titeln.

❸ Warum sind wir für manche Dinge blind?

❹ Nehmt euer Klassenzimmer für die nächsten paar Minuten ganz genau wahr.
Notiert, was euch aufgefallen ist, weil ihr es bisher noch nicht wahrgenommen habt.

M25

Heilung eines Blinden

Meine Stimme wird nicht gehört

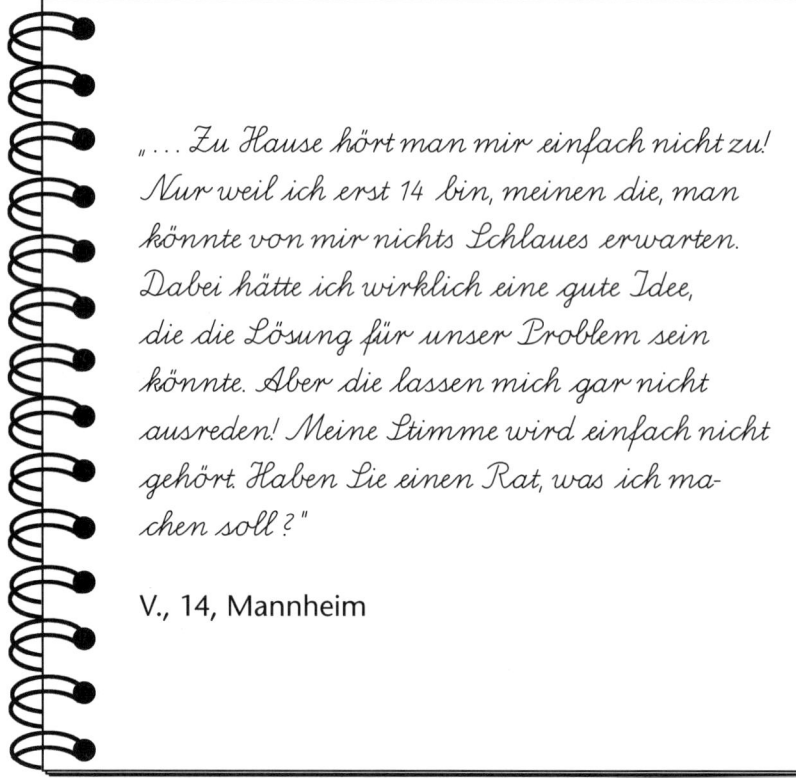

„... Zu Hause hört man mir einfach nicht zu! Nur weil ich erst 14 bin, meinen die, man könnte von mir nichts Schlaues erwarten. Dabei hätte ich wirklich eine gute Idee, die die Lösung für unser Problem sein könnte. Aber die lassen mich gar nicht ausreden! Meine Stimme wird einfach nicht gehört. Haben Sie einen Rat, was ich machen soll?"

V., 14, Mannheim

„Du willst was sagen, doch es ist vergeblich,
weil keiner dir zuhört und auch keiner versteht dich,
wie gefangen in Quarantäne, völlig isoliert
von der Außenwelt nicht akzeptiert und ignoriert."

(Silbermond – „Meer Sein")

Ignoriert

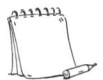

❶ Wie fühlt man sich, wenn man ignoriert wird? Schreibt in das Cluster.
❷ Warum werden Menschen ignoriert bzw. warum hört man manchen nicht zu?
❸ Wie würdet ihr auf den Leserbrief oben reagieren? Verfasst eine Antwort.

Wunderberichte aus der Bibel

Jesus schenkt Durchblick

Auch der blinde Bartimäus wurde von den anderen Menschen ignoriert.

> **46** Sie kamen nach Jericho. Als er mit seinen Jüngern und einer großen Menschenmenge Jericho wieder verließ, saß an der Straße ein blinder Bettler, Bartimäus, der Sohn des Timäus.
>
> **47** Sobald er hörte, dass es Jesus von Nazaret war, rief er laut: Sohn Davids, Jesus, hab Erbarmen mit mir!
>
> **48** Viele wurden ärgerlich und befahlen ihm zu schweigen. Er aber schrie noch viel lauter: Sohn Davids, hab Erbarmen mit mir!
>
> **49** Jesus blieb stehen und sagte: Ruft ihn her! Sie riefen den Blinden und sagten zu ihm: Hab nur Mut, steh auf, er ruft dich.
>
> **50** Da warf er seinen Mantel weg, sprang auf und lief auf Jesus zu.
>
> **51** Und Jesus fragte ihn: Was soll ich dir tun? Der Blinde antwortete: Rabbuni, ich möchte wieder sehen können.
>
> **52** Da sagte Jesus zu ihm: Geh! Dein Glaube hat dir geholfen. Im gleichen Augenblick konnte er wieder sehen, und er folgte Jesus auf seinem Weg. (Mk 10,46-52)

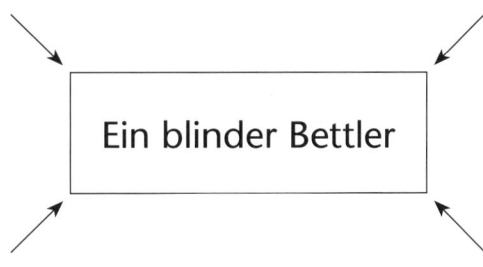

_____ = bzw. „Rabbi", wörtlich „mein Meister" oder „mein Lehrer", so wird jemand bezeichnet, vor dem man große Achtung hat.

_____ = Nachkomme von König David (der König von Israel), „Sohn Davids" galt als Hoffnungsträger für die Juden – derjenige, der den Menschen das Heil bringt.

 ❶ Wie wird Jesus auf Bartimäus aufmerksam?

❷ Warum reagieren die anderen Menschen nicht erfreut über Bartimäus' Verhalten? Notiert oben, was die Leute über Bartimäus denken.

❸ Bartimäus spricht Jesus mit zwei Titeln an. Markiert sie im Text. Ordnet jedem Titel die richtige Erklärung zu. Was will Bartimäus mit diesen Titeln zum Ausdruck bringen?

❹ Was muss Bartimäus selber beitragen, damit das Wunder in Erfüllung geht?

M27 Heilung eines Blinden

Das neue Leben des Bartimäus

Bartimäus war ein blinder Bettler, der von allen ignoriert wurde. Durch die Begegnung mit Jesus bekam er ein neues Leben. Wie hat Jesus Bartimäus' Leben verändert?

Blinde – die Situation zu Jesu Zeiten: Blinde waren Außenseiter. Sie waren völlig auf sich allein gestellt und wurden oft von den Menschen gemieden. Im Gegensatz zu heute bekamen sie keine staatliche Unterstützung. Es gab auch noch keine „Hilfsmittel" wie Blindenschrift oder Blindenhunde, die ihnen das Leben erleichtert hätten.

DAVOR **DANACH**

Er konnte arbeiten. | Er musste betteln. | Er konnte die Wunder der Schöpfung sehen. | Er war ein Außenseiter. | Er sah keine Zukunft. | Er hatte keine Freunde. | Er konnte seine Träume verwirklichen. | Er konnte seine Leben in die Hand nehmen. | Er konnte etwas aus seinem Leben machen. | Er konnte neuen Mut schöpfen. | Er konnte Jesus nachfolgen. | Niemand gab sich mit ihm ab. | Keiner hörte ihm zu.

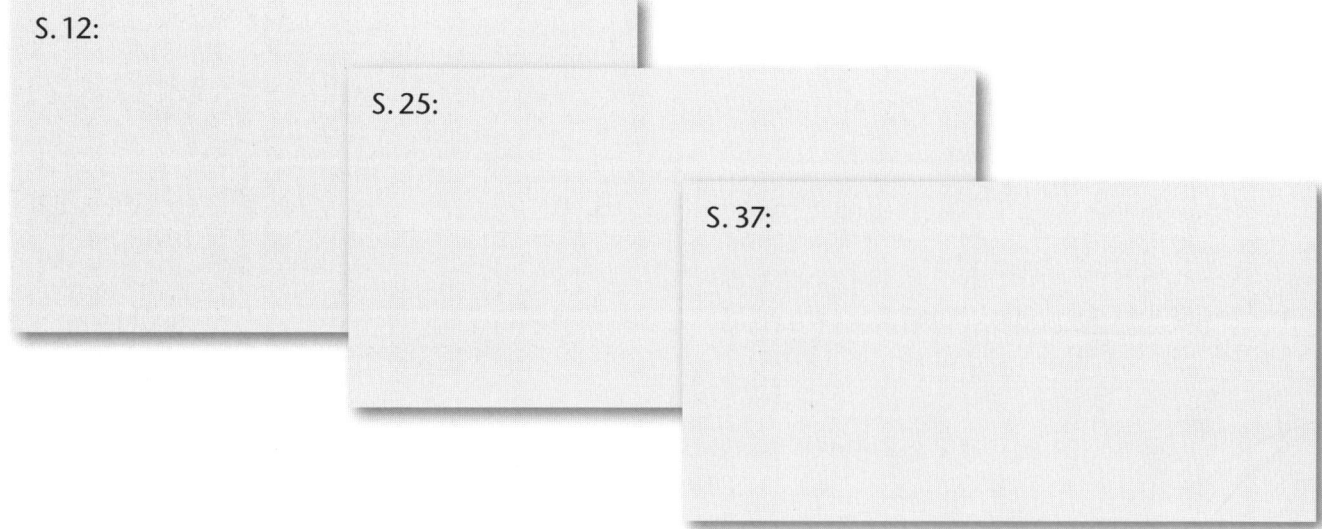

S. 12:

S. 25:

S. 37:

❶ Ordnet die Aussagen den richtigen Feldern „DAVOR" oder „DANACH" zu.

❷ Was hat Bartimäus aus seinem neuen Leben gemacht? Erfindet eine „Telenovela" und beschreibt stichwortartig die verschiedenen Lebensabschnitte (Drehbuchseiten S. 12/25/37).

Heilung eines Blinden   M28

Neu sehen lernen

In unserem Alltag ist es manchmal gar nicht so einfach, den Überblick zu bewahren.

„Den Wald vor lauter Bäumen nicht mehr sehen"

– 5 Stunden für die Matheprüfung gelernt und jetzt hast du das Gefühl, du würdest gar nichts mehr verstehen …
– 2 Stunden lang shoppen gewesen und über 20 T-Shirts angeschaut, jetzt hast du keine Ahnung mehr, welches dir gefällt und welches du eigentlich haben möchtest …

Was tun, wenn man keinen Durchblick mehr hat?

– an einen ruhigen Platz zurückziehen
– Augen schließen
– in sich gehen
– Spaziergang in der Natur
– Fernsehen und Radio ausschalten

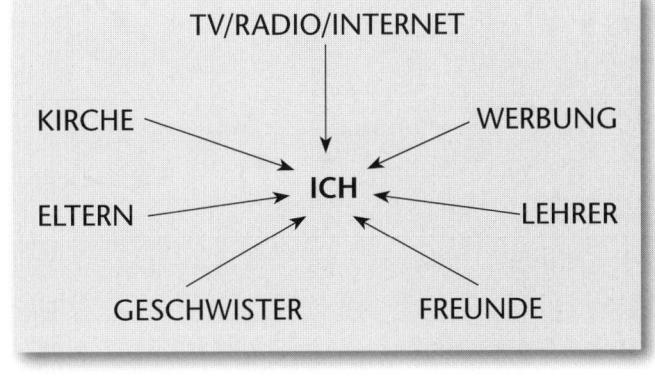

❶ Warum verlieren wir im Alltag manchmal den Durchblick?

❷ Was macht ihr, wenn ihr vor lauter Bäumen den Wald nicht mehr seht?

❸ Wie könnten wir uns von Gott helfen lassen, wieder den Durchblick zu erlangen?

Wunderberichte aus der Bibel

Unterstützung für Außenseiter

Der blinde Bettler Bartimäus stand am Rande der Gesellschaft und war ein Außenseiter. Wie geht ihr mit Außenseitern in eurem Umfeld um?

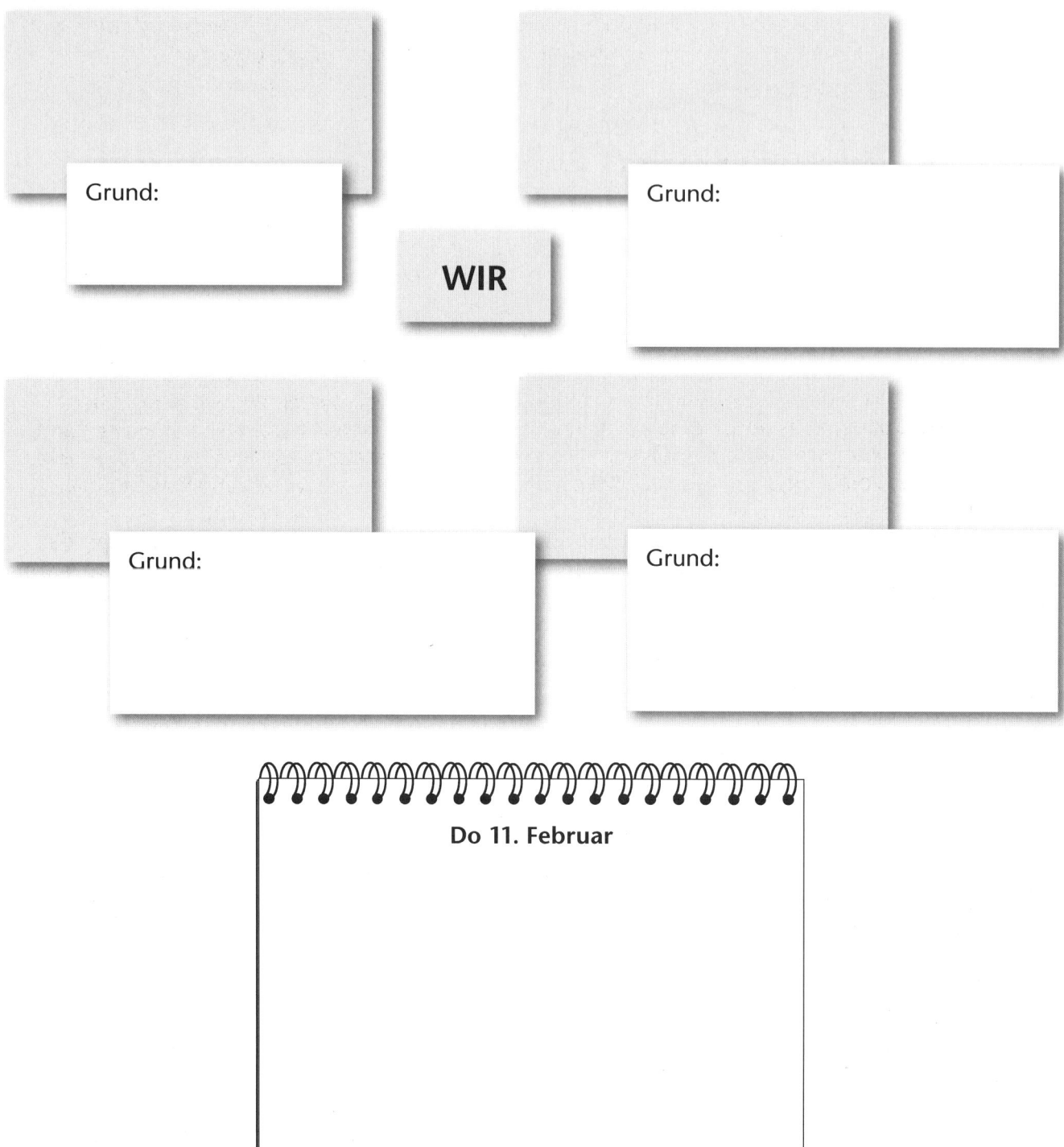

❶ Welche Menschen/Gruppen gelten in eurem Umfeld als Außenseiter? Warum sind sie Außenseiter? Schreibt in die Felder.

❷ Wie könnt ihr dazu beitragen, dass diese Menschen Teil der Gemeinschaft werden? Tragt mindestens fünf Ideen in den Kalender ein, die realisierbar sind. Wählt eine Idee aus, schreibt sie auf den Papierstreifen und klebt ihn anschließend mit Klebeband auf einen Blei- oder Farbstift. Versucht die Idee in den nächsten 30 Tagen umzusetzen.

B 1. Gleichnisse

1.1 Gleichnisse in der Bibel

Jesus hat den Menschen Gleichnisse erzählt, um ihnen seine Botschaft möglichst anschaulich klarzumachen. Im Neuen Testament sind über dreißig Gleichnisse überliefert. Wie die Wunderberichte im Neuen Testament beinhalten auch die Gleichnisse zentrale Inhalte von Jesus Botschaft.

Was ist typisch für ein Gleichnis?

- bildhafte Beschreibung eines Sachverhaltes
- eine Beschreibung, die für Kinder und Erwachsene verständlich ist
- das Gleichnis wird auf der ganzen Welt und in allen Kulturen verstanden
- das Gleichnis ist zeitlos: man hat es damals genauso verstanden wie heute
- es kann auf verschiedenste Lebensbereiche angewendet werden
- ein Vorteil von Gleichnissen ist, dass man sie gut im Gedächtnis behalten kann

In den Gleichnissen kommt die Besonderheit religiöser Sprache zum Ausdruck – die religiöse Sprache hat eine andere Bedeutung als die alltägliche Sprache: In Gleichnissen werden zwei Ebenen miteinander verknüpft, die eigentlich nichts miteinander zu tun haben. Dadurch erschließt sich dem Hörer bzw. Leser des Textes die Wirklichkeit neu. Das unmittelbare Gesagte hat einen metaphorischen Sinn und weist auf etwas anderes (einen „tieferen" Sinn) hin. Gleichnisse haben eine ähnliche Form wie eine Parabel, Allegorie oder Metapher, unterscheiden sich aber trotzdem von ihnen: Zwar geht es auch bei einer Parabel darum, aus dem Beschriebenen einen allgemeinen Sachverhalt abzuleiten. Dies geschieht aber zugespitzt, formelhaft und direkt, und eben nicht indirekt, wie es in den biblischen Gleichnissen der Fall ist. Unter einer Allegorie wiederum versteht man eine Aussage, die von Anfang an allegorisch interpretiert werden muss – ein Ding, eine Person oder ein Vorgang steht symbolisch für etwas anderes. Trotzdem kann nicht bestritten werden, dass in einigen Gleichnissen mal mehr oder mal weniger Elemente einer Allegorie oder einer Parabel auszumachen sind.

Bei den neutestamentlichen Gleichnissen geht man davon aus, dass es sich um „von Jesus gesprochene Erzähltexte"[3] handelt. Die meisten seiner Gleichnisse haben ein „Überraschungsmoment", eine Pointe, mit der man nicht rechnen würde und die einen erstaunt und dazu motiviert, über die Botschaft von Jesus nachzudenken.

Lange konzentrierte man sich bei der Auslegung der Gleichnisse allein auf das Gleichniswort bzw. die eigentliche Metapher. Heute weiß man, dass eine solche Interpretation zu kurz greift: Gleichnisse haben jeweils einen Kontext und wurden auch von Anfang an zusammen mit dem Kontext erzählt. Um ein Gleichnis voll verstehen und begreifen zu können, ist die Rahmenhandlung genauso wichtig wie die eigentliche Metapher. Für das heutige Verständnis ist es wichtig, diesen Zusammenhang zu berücksichtigen. Nur so kann die eigentliche Bedeutung der Gleichnisse richtig erschlossen werden. Es gibt mittlerweile verschiedene Auslegungsarten der Gleichnisse. Diese **Auslegungsarten** zeigen, dass es unterschiedliche Interpretationsmöglichkeiten bzw. Varianten gibt, sich der Aussage eines Gleichnisses zu nähern:

- **Allegorisierende Auslegung** (Entschlüsselung der Allegorie, Bild wird von der Sache unterschieden)
- **Historisch-kritische Auslegung** (Was war der Ursprung des Gleichnisses? Wo und wie ist es entstanden?)
- **Sozialgeschichtliche Auslegung** (Suche nach Fragestellungen der Urgemeinde und Übertrag auf heutige soziale Zwänge)
- **Tiefenpsychologische Auslegung** (Suche nach tiefenpsychologischen, lebensgeschichtlichen Vorgängen und Bildern)
- **Metaphorische Auslegung** (Wirkung des ganzen metapherartigen Sprachereignisses, offen für persönliche Deutung und Einsichten)

---

3 Arbeitsbuch zum Neuen Testament, S. 102.

Je nach wissenschaftlicher Fachrichtung wurde der Schwerpunkt auf die eine oder andere Variante gelegt (z. B. Psychologen > tiefenpsychologische Auslegung). Es wäre zu einseitig, sich auf eine Variante zu konzentrieren. Die Varianten sind eine Hilfe, ein Gleichnis unter möglichst vielen verschiedenen Gesichtspunkten zu deuten und sich nicht gleich auf einen ersten spontanen Eindruck zu beschränken.

Jesus hat die Gleichnisse erzählt, um den Menschen auf eindrückliche, leicht verständliche Weise einen Sachverhalt deutlich zu machen. Bewusst hat er in den Gleichnissen Bilder verwendet, die in der damaligen Gesellschaft gebräuchlich waren (der Bauer, die Knechte, Fischfang, Hausbau …). Meistens treten nur eine kleine Anzahl handelnder Personen auf (ca. zwei). Die Schilderungen sind zeitlos, d. h. im Präsens erzählt. So wird der Hörer bzw. Leser direkt angesprochen und mit der zeitlosen Gültigkeit der Aussage konfrontiert.

Auch wenn viele Menschen heute nicht mehr allzu bibelfest sind, sind ihnen einige Gleichnisse durchaus ein Begriff. Auch viele Schüler werden die Gleichnisse – ähnlich wie die Wunder – aus Kindergottesdiensten oder dem Religionsunterricht in der Grundschule kennen. Ist es bei den Wundern vor allem die Akzeptanz eines übersinnlichen Ereignisses, fordern bei den Gleichnissen die Pointen heraus: Meistens folgen die Gleichnisse gerade nicht der menschlichen Logik. Gleichnisse provozieren. Sie wollen einen Denkprozess in Gang setzen.

1.2 Gleichnisse im Unterricht

Gleichnisse enthalten die Botschaft Jesu in einer kompakten Form. Deshalb macht es Sinn, sie im Religionsunterricht zu thematisieren und den Jugendlichen neue Zugänge dazu zu eröffnen. Gleichnisse haben in den vergangenen zweitausend Jahren ihre Schärfe nicht verloren, im Gegenteil: Viele Gleichnisse machen sehr pointiert auf Problemfelder in unserer Gesellschaft aufmerksam. Durch die Auseinandersetzung mit ihnen wird den Schülern bewusst, dass die Bibel auch als literarisches Werk zu sehen ist, das mit verschiedenen Stilmitteln arbeitet.

Gleichnisse sind meistens mitten im Alltag situiert. Dadurch wird deutlich, dass die Bibel kein „theoretisches" Buch ist, sondern ihre Quelle aus alltäglichen Situationen speist, dass sie also ihren „Sitz im Leben" hat. Die Jugendlichen werden neu dafür sensibilisiert, dass die Bibel auch ein „Buch des Lebens" ist.

Bei der Behandlung eines Gleichnisses sollte den Jugendlichen der gesamte Text des Gleichnisses zur Verfügung stehen. Nur so erkennen sie die Botschaft des Gleichnisses aus dem Alltagskontext heraus. Bevor man sich näher mit der Botschaft auseinandersetzt, kann es hilfreich sein, den **Text zu analysieren**:

a) Wo findet das Ereignis statt?
b) Welche Personen kommen vor?
c) Was sind die Motive der Beteiligten?
d) Welche Frage wird gestellt?
e) Was machen die Personen nach der Begegnung mit Jesus?

Diese Fragen können auf jedes Gleichnis angewandt werden und sind eine gute Vor- oder auch Nachbereitung für die Ideen auf den hier nachfolgenden Arbeitsblättern. Sie helfen, das Gleichnis nicht nur assoziativ, sondern systematisch zu erfassen. Die Jugendlichen lernen so auch die formale Struktur eines Gleichnisses kennen, was sich wiederum auf ein besseres Verständnis der Botschaft auswirkt.

B 2. Die Gleichnisse im Neuen Testament im Überblick

Gleichnis	Matthäus	Markus	Lukas
Arbeiter im Weinberg	20,1-16		
Barmherziger Samariter			10,30-37
Bittender Freund			11,5-13
Ehrenplätze bei der Hochzeit			14,7-14
Feigenbaum als Sommerbote	24,32-33	13,28-29	21,29-32
Feigenbaum ohne Früchte			13,6-9
Fischnetz	13,47-48		
Gläubiger und die zwei Schuldner			7,41-43
Großes Abendmahl			14,16-24
Haus auf Felsen und auf Sand gebaut	7,24-27		6,47-49
Herr und Knecht			17,7-10
Königliche Hochzeit	22,1-14		
Kluge und törichte Jungfrauen	25,1-13		
Kostbare Perle	13,45-46		
Licht unter dem Scheffel	5,14-15	4,21-22	8,16
Neuer Flicken auf altem Kleid	9,16	2,21	5,36
Neuer Wein in alten Schläuchen	9,17	2,22	5,37-38
Pharisäer und der Zöllner			18,9-14
Reicher Kornbauer			12,16-21
Reicher Mann und Lazarus			16,19-31
Sauerteig	13,33		13,20-21
Unbarmherziger Gläubiger	18,23-34		
Schatz im Acker	13,44		
Senfkorn	13,31-32	4,30-32	13,18-19
Talente/Pfunde	25,14-30		19,12-27
Treuer Haushalter			12,42-48
Treulose Weingärtner	21,33-41	12,1-9	20,9-16
Turmbau und Kriegführen			14,28-33
Ungerechter Haushalter			16,1-8
Unkraut unter dem Weizen	13,24-30		
Verlorener Groschen			15,8-10
Verlorener Sohn			15,11-32
Verlorenes Schaf	18,12-14		15,4-10
Sämann	13,3-8	4,3-8	8,5-8
Wachsame Knechte			12,35-48
Wachsen der Saat		4,26-29	
Weltgericht	25,31-36		
Witwe und der ungerechte Richter			18,2-5
Zwei ungleiche Söhne	21,28-31		

M30

Zur Einführung

Grundwissen Gleichnisse

Jesus hat den Menschen Gleichnisse erzählt, um ihnen seine Botschaft möglichst anschaulich zu vermitteln. Im Neuen Testament sind über dreißig Gleichnisse überliefert.

Was ist typisch für ein Gleichnis?
- bildhafte Beschreibung eines Sachverhaltes
- eine Beschreibung, die für Kinder und Erwachsene verständlich ist
- das Gleichnis wird auf der ganzen Welt und in allen Kulturen verstanden
- das Gleichnis ist zeitlos: man hat es damals genauso verstanden wie heute
- es kann auf verschiedenste Lebensbereiche angewendet werden
- ein Vorteil von Gleichnissen ist, dass man sie gut im Gedächtnis behalten kann

Bekannte Gleichnisse:
- „Der verlorene Sohn" (Lk 15,11-32)
- „Der barmherziger Samariter" (Lk 10,25-37)
- „Reicher Mann und armer Lazarus" (Lk 16,19-31)
- „Ungerechter Richter" (Lk 18,1-8)
- „Unkraut unter dem Weizen" (Mt 13,24-30)
- „Nadelöhr und Kamel" (Mk 10,25)
- „Das Haus, das auf Sand oder Fels gebaut wird" (Mt 7,24-27)

Gleichnis: _____

Bild: _____

Botschaft: _____

Herausforderung für uns:

_____
_____

❶ Welche der oben genannten Gleichnisse kennt ihr bereits? Überlegt zu zweit und rekonstruiert den Inhalt.

❷ Warum hat Jesus den Menschen Gleichnisse erzählt?

❸ Schlagt in Zweiergruppen ein Gleichnis aus der Bibel nach. Lest den Text. Fasst mit eigenen Worten das Gleichnis zusammen und überlegt euch, was das Gleichnis sagen will. Stellt die Gleichnisse anschließend einander vor.

Gleichnisse aus der Bibel

In Bildern sprechen

Egal ob in der Schule, zu Hause oder beim Sport – wenn wir etwas erzählen, verwenden wir dabei viele Sprachbilder und Vergleiche.

Satz 1:

„Ich fühle mich, als wäre ein Lastwagen über mich drübergedonnert!"

= _____

Satz 2:

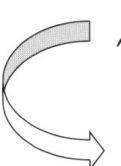

„Ich habe Schmetterlinge im Bauch."

= _____

Satz 3:

„Ich habe geschlafen wie ein Stein."

= _____

| Sprachbild = anschauliche Darstellung von einem mehr oder weniger komplexen Sachverhalt |

❶ Sprachbilder kann man auf verschiedene Weise interpretieren. Überlegt euch, was die Sätze bedeuten sollen (= …).

❷ Notiert auf dem Arbeitsblatt eine neue Version der Sätze (rechts neben die Pfeile). Diese soll das Gleiche aussagen, aber ohne Vergleiche auskommen.

❸ Warum verwenden wir beim Erzählen oft Vergleiche, Metaphern oder Bilder?

❹ In den Kästen seht ihr, wo Vergleiche und Metaphern besonders häufig eingesetzt werden. Überlegt euch Beispiele und erklärt, aus welchem Grund man hier häufig auf Vergleiche und Metaphern zurückgreift. Schreibt in die Kästen.

Haus auf Sand und Fels bauen

Von kurzer Dauer

„Und der Vorhang fällt, sie weint/Tränen schneiden in die Haut/

Sie hat wieder mal zu früh vertraut. Denn sie hat **auf Sand gebaut** …"

(Peter Maffay, Auf Sand gebaut)

Onehit-Wonder:

Zwei Castingshowsieger kritisieren das TV-Format, das sie bekannt gemacht hat: In einem Buch erzählen zwei ehemalige Castingsstars, wie es hinter den Kulissen zugeht. Sie beschreiben, wie es sich anfühlt, gecasteter Popstar zu sein und vor Tausenden jubelnden Fans auftreten zu können und ständig fotografiert und um Autogramme gebeten zu werden. Sie wissen heute: Viel Geld verdient man nicht und auch einen langfristigen Erfolg kann man sich nicht aufbauen – viel eher wird man von den Medien ausgenutzt. Anschließend ins normale Leben zurückzukehren, sei sehr schwierig.

Musikproduzent Dieter Bohlen will nicht mehr mit Daniel Schuhmacher, dem ehemaligen Gewinner von „Deutschland sucht den Superstar" zusammenarbeiten. Er habe in den nächsten Monaten einfach keine Zeit, um das neue Album für den jungen Sänger zu produzieren. Schuhmacher muss nun selber schauen, wie er mit seiner Karriere weitermacht und dass er an seine ersten Erfolge anknüpfen kann.

(Informationen: http://satundkabel.magnus.de/buntes/artikel/alptraum-castingshows-zwei-ex-gewinner-packen-in-neuem-buch-aus.html)

„Auf diese Steine können Sie bauen."

(Werbeslogan von der Bank Schwäbisch Hall)

❶ Lest das Zitat aus dem Song von Peter Maffay. Den gesamten Text findet ihr im Internet bei www.lyrics.de. Was könnte Peter Maffay mit der Textzeile „sie hat auf Sand gebaut" meinen?

❷ Lest die beiden Medienmeldungen. Vergleicht sie mit dem Zitat von Peter Maffay. Inwiefern haben auch die Castingshowsieger auf Sand gebaut?

❸ Welche Erwartungen haben die Kunden der Bank Schwäbisch Hall, wenn sie dem Slogan vertrauen? Schreibt in die Bausteine.

Haus auf Sand und Fels bauen

M33

Ein gutes Fundament

Abschlusszeugnisse verliehen

Die Absolventen der Kaufmännischen Berufsschule in Lörrach erhielten ihr Abschlusszeugnis. Der Direktor der Schule gratulierte ihnen und wünschte ihnen das Beste für ihre Zukunft. Auch wenn die Situation auf dem Arbeitsmarkt momentan nicht so rosig sei, sollen die jungen Kaufleute zuversichtlich und optimistisch in die Zukunft blicken. Denn mit den Dingen, die sie in der Berufsschule gelernt haben, seien sie bestens gewappnet und hätten ein solides Fundament für ihre berufliche Entwicklung. Die Absolventen hätten nach mehreren Jahren des Lernens das angestrebte Ziel erreicht. Sie würden nun über notwendiges Grundwissen in verschiedenen Bereichen verfügen, sodass sie für verschiedene Berufsfelder attraktiv seien. Darauf könne man gut aufbauen.

Journalist: *„Herzlichen Glückwunsch zu Ihrem Zeugnis. Was ist das für ein Gefühl?"*

Absolventin: _____

_____

Journalist: _____

Absolventin: _____

_____

Journalist: _____

Absolventin: _____

_____

Journalist: _____

Absolventin: _____

_____

Journalist: _____

Absolventin: _____

_____

Journalist: _____

❶ Warum ist die Ausbildung laut Direktor ein „solides Fundament"?

❷ Versetzt euch in einen der Absolventen. Warum war es ihm wichtig, die Berufsschule erfolgreich abzuschließen? Erfindet ein Interview, das ein Journalist mit einem Absolventen zu diesem Thema führt.

Hinterher ist man schlauer

Jeder Mensch kann selbst bestimmen, worauf er sein Leben bauen will. Aber was sagt die Bibel dazu?

> **Gleichnis aus der Bibel:**
>
> Jesus: „Wer diese meine Worte hört und danach handelt, ist wie ein kluger Mann, der sein Haus auf Fels baute. Als nun ein Wolkenbruch kam und die Wassermassen heranfluteten, als die Stürme tobten und an dem Haus rüttelten, da stürzte es nicht ein; denn es war auf Fels gebaut. Wer aber meine Worte hört und nicht danach handelt, ist wie ein unvernünftiger Mann, der sein Haus auf Sand baute. Als nun ein Wolkenbruch kam und die Wassermassen heranfluteten, als die Stürme tobten und an dem Haus rüttelten, da stürzte es ein und wurde völlig zerstört." (Mt 7,24-27)
>
> Hintergrund: Früher gab es noch keine Versicherungen. Wer sein Haus durch ein Unwetter verlor, der bekam keine finanzielle Unterstützung für ein neues. Man musste es mit eigenen Kräften wieder aufbauen und ganz allein bezahlen.

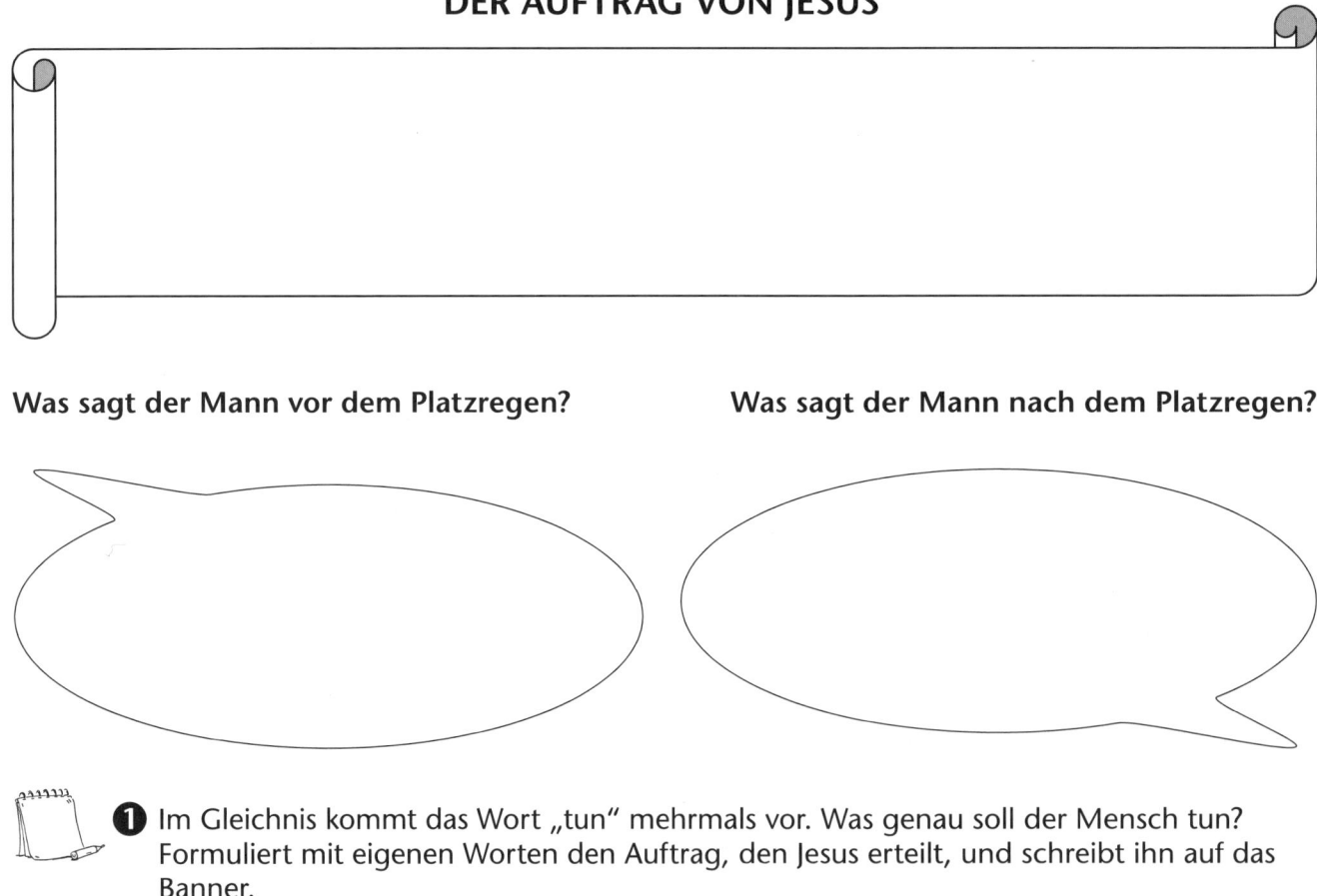

DER AUFTRAG VON JESUS

Was sagt der Mann vor dem Platzregen?   Was sagt der Mann nach dem Platzregen?

❶ Im Gleichnis kommt das Wort „tun" mehrmals vor. Was genau soll der Mensch tun? Formuliert mit eigenen Worten den Auftrag, den Jesus erteilt, und schreibt ihn auf das Banner.

❷ Überlegt euch, was der kluge Mann seinen Freunden von seinem Hausbau bzw. seinem Haus vor und nach dem Platzregen erzählt hat. Schreibt in die Sprechblasen.

❸ Übertragt das Gleichnis auf eure Gegenwart: In welchen Situationen verhalten sich Menschen ähnlich?

❹ Dieses Gleichnis hat Jesus im Anschluss an die Bergpredigt erzählt. Die Bergpredigt enthielt die zentralen Anliegen von Jesu Botschaft. Welche Botschaft will Jesus mit diesem Gleichnis vermitteln?

Fels oder Sand

Jesus hat in seinem Gleichnis die Symbole Fels und Sand verwendet. Die Bedeutung dieser Symbole ist damals und heute gleich:

„Du bist mein Fels in der Brandung!"

„Sie streut immer Sand ins Getriebe."

Der „Fels" kommt nicht nur im Gleichnis vor, sondern Jesus gibt an einer anderen Stelle dem Apostel Petrus den neuen Namen „Kephas" = Fels. (Mt 16,18)

Das Sandskulpturen-Festival lockt Zuschauer aus nah und fern. Wer die Figuren noch nicht gesehen hat, sollte sich beeilen. Denn in den nächsten Tagen wird starker Regen erwartet.

Eigenschaften?

Verwendung?

❶ Sucht Eigenschaften, die typisch für Fels und Sand sind.

❷ Wo und wie werden Fels und Sand verwendet bzw. kommen sie zum Einsatz?

❸ Jesus bezeichnet den Apostel Petrus als „Felsen" – was will er damit aussagen? Lest in der Bibel nach: Mt 16,18.

M36

Haus auf Sand und Fels bauen

Klug geplant

Tanja baut ihr Haus auf Sand.	Emilie baut ihr Haus auf Fels.

„Ich möchte mein Haus möglichst schnell fertig haben."

„Ich will mir gut überlegen, wo ich mein Haus baue."

„Ich will etwas, das für das ganze Leben hält."

„Es ist mir wichtig, dass es möglichst günstig ist. Ich will nicht viel investieren."

„Ich bin bereit, etwas mehr zu investieren, wenn es mir langfristig etwas bringt."

Ricarda: „Castingshows? Das ist nichts für mich. Da hätte ich nie mitgemacht – man wird zwar sehr schnell berühmt, aber schon nach kurzer Zeit interessiert sich keiner mehr für einen. Ich habe meine Karriere Schritt für Schritt aufgebaut. Zunächst sind nur wenige Leute zu meinen Konzerten gekommen, aber mit der Zeit sind es immer mehr geworden."

Beispiele aus dem Alltag

KLUG	TÖRICHT
– ein paar wenige, dafür intensive Freundschaften	– viele, dafür oberflächliche Freundschaften

---

❶ Tanja und Emilie wollen, wie der Mann im Gleichnis, ein Haus bauen. Ordnet die Sätze den richtigen Personen zu und schreibt sie in den Kasten.

❷ Beschreibt die „Strategie", die Ricarda angewendet hat. Was war ihr Ziel?

❸ Überlegt euch kluge und törichte Beispiele aus dem Alltag.

Gleichnisse aus der Bibel

Worauf sein Leben bauen?

„Ich denke an die ganze Zeit, die wir erlebt haben
willst du was über mich wissen musst du denn fragen
Bero, hör mal zu, du kannst auf mich bauen
du passt auf mich auf ich pass auf dich auf"
„Du kannst auf mich bauen!
Worauf basiert diese Freundschaft? Auf Vertrauen"

(La Honda, „Freundschaft")

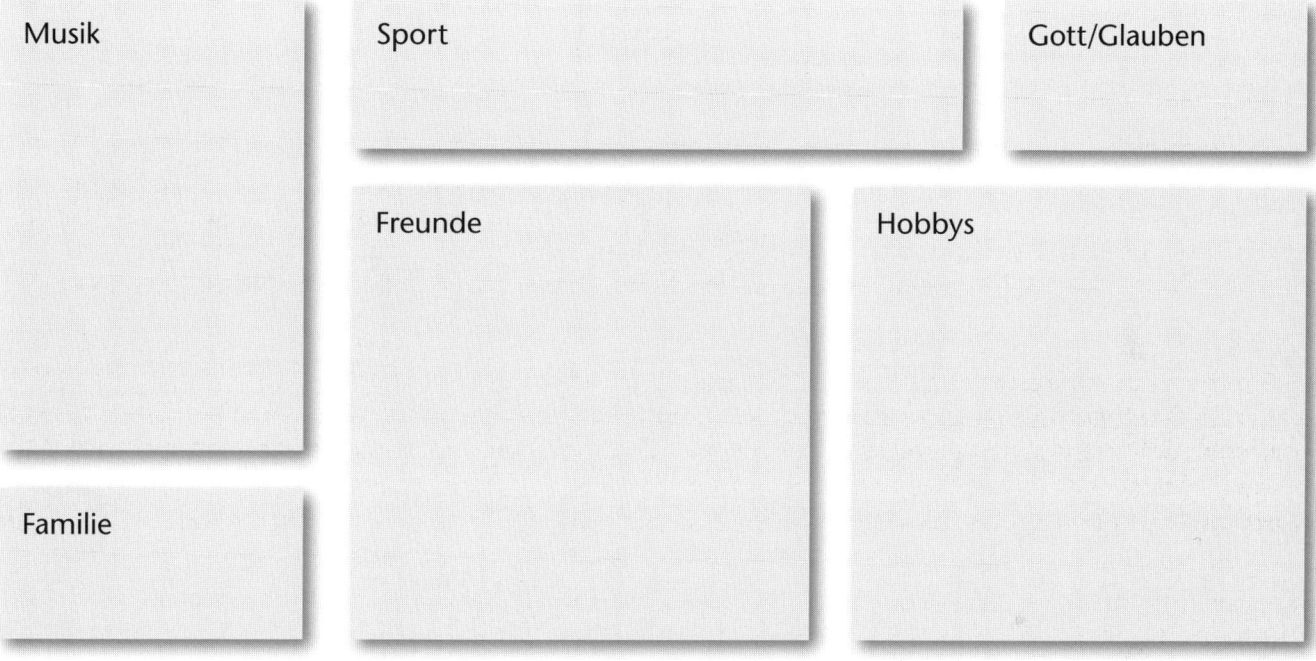

Wie findet man eine Freundschaft, auf die man bauen kann?

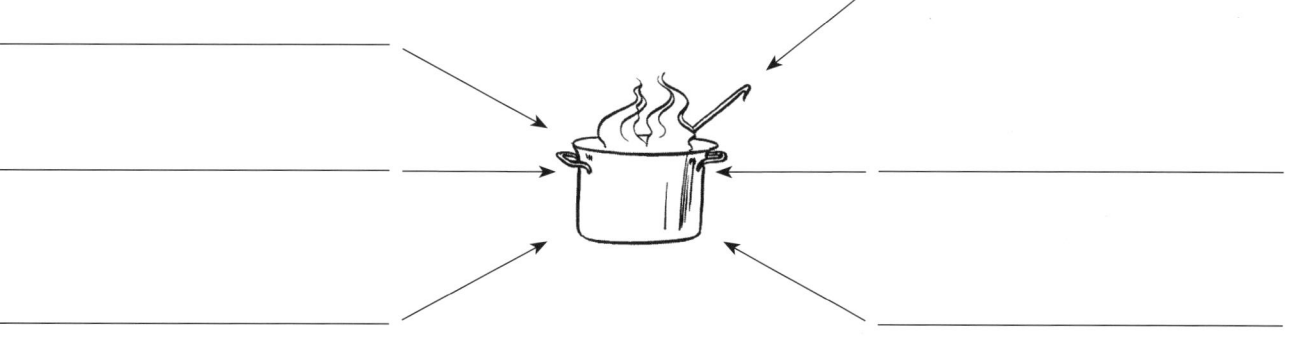

❶ Was könnte der Rapper damit meinen, dass Bero „auf ihn bauen" kann?

❷ Malt oben jene Fundamentsteine aus, die für euer Leben eine Grundlage bilden bzw. was für euch sehr wichtig ist. Notiert in den Steinen, warum sie für euch wichtig sind.

❸ Überlegt euch die „Zutaten", die für eine verlässliche Freundschaft wichtig sind. Schreibt sie um den Topf.

M38

Haus auf Sand und Fels bauen

Mein Beitrag für ein sicheres Fundament

Ein „sicheres Fundament", auf das man sein Leben baut, setzt sich aus verschiedenem zusammen. Dies fällt einem nicht allein einfach so zu, sondern erfordert einen Beitrag von jedem Einzelnen.

	Warum ist Langfristigkeit sinnvoll?	Mein Beitrag?
Gott:		
Freundschaft:		
Familie:		
Beruf:		
Finanzen:		

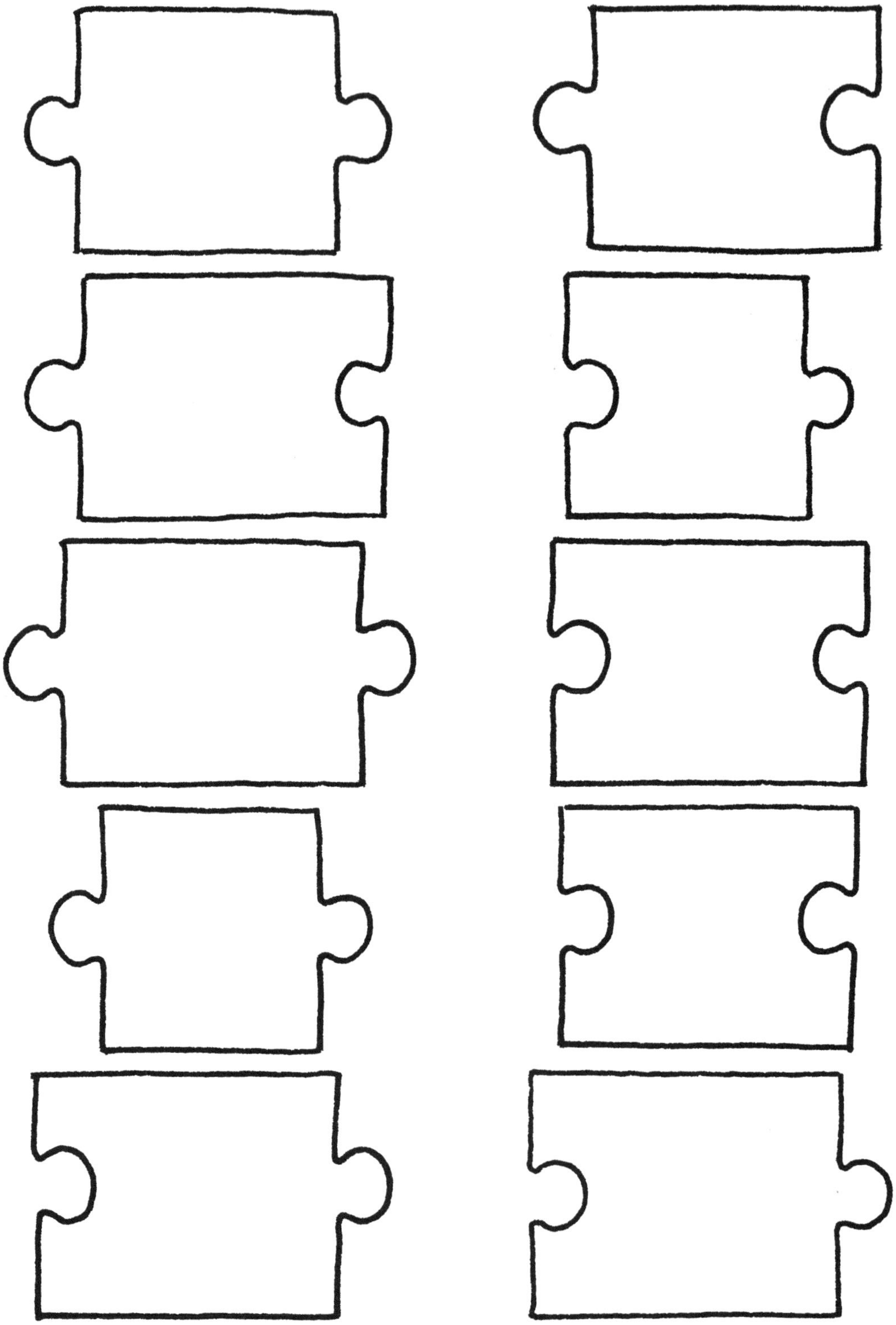

❶ Schreibt in Stichworten in die Puzzlesteine, warum eine langfristige „Investition" etwas bringt.

❷ Welcher persönliche Beitrag ist wichtig, um ein langfristig tragendes „Fundament" aufbauen zu können?

Gleichnisse aus der Bibel

Im Einsatz für andere

„Richard Oetker erhält Courage-Preis"

In diesem Jahr wird Richard Oetker aus Bielefeld der jährliche Courage-Preis verliehen. Der Unternehmer hat sich in den letzten Jahren für Opfer von Verbrechen eingesetzt und war damit ein Vorbild für andere Menschen. Für seinen Einsatz erhält er nun den mit 5.000 Euro dotierten Preis verliehen.

Richard Oetker engagiert sich seit über 20 Jahren beim WEISSEN RING e.V. Seit 2002 ist er zudem Vorstandsmitglied der bundesweiten Hilfsorganisation für Kriminalitätsopfer und ihre Familien.

Der Vorsitzende des Preiskomitees sagte, dass der Preis zu einem Perspektivenwechsel führen soll: Häufig würden die Medien nur über die Täter berichten und nicht über das Schicksal der Opfer. Richard Oetker hingegen macht den Opfern Mut und hilft ihnen. Er macht in den Medien bewusst auf die Schicksale jener Menschen aufmerksam, die sonst keine Stimme haben.

(Informationen: http://www.presseportal.de/pm/68119/1265594/verein_courage_preis_bad_iburg_e_v)

PRO	CONTRA

❶ Lest den Zeitungsbericht. Für was genau hat Dr. Oetker einen Preis bekommen?

❷ Macht es Sinn, solche Preise zu verleihen? Sammelt Pro- und Contra-Argumente.

❸ Habt ihr von weiteren besonderen Personen gehört, die sich in vorbildlicher Weise für andere eingesetzt haben?

Der barmherzige Samariter

Wegschauen statt helfen

☐ Auch ein **Levit** kam zu der Stelle; er sah ihn und ging weiter.

☐ Zufällig kam **ein Priester** denselben Weg herab; er sah ihn und ging weiter.

☐ Am andern Morgen holte er zwei Denare hervor, gab sie dem Wirt und sagte: Sorge für ihn, und wenn du mehr für ihn brauchst, werde ich es dir bezahlen, wenn ich wiederkomme.

☐ Dann kam **ein Mann aus Samarien**, der auf der Reise war. Als er ihn sah, hatte er Mitleid, ging zu ihm hin, goss Öl und Wein auf seine Wunden und verband sie. Dann hob er ihn auf sein Reittier, brachte ihn zu einer Herberge und sorgte für ihn.

☐ Ein Mann ging von Jerusalem nach Jericho hinab und wurde von Räubern überfallen. Sie plünderten ihn aus und schlugen ihn nieder; dann gingen sie weg und ließen ihn halb tot liegen.

Priester

Levit

Samariter = wurden zu Jesu Zeiten als Feinde betrachtet: Sie verehrten ein eigenes Heiligtum für Gott. Die Juden bezeichneten sie als Ketzer. Zwischen den beiden Volksgruppen kam es auch politisch immer wieder zu Streitigkeiten.

❶ Bringt das Gleichnis in die richtige Reihenfolge (Ziffern eintragen). Wenn ihr nicht mehr weiterwisst, lest die Geschichte in der Bibel bei Lk 10,25-37 nach.

❷ Warum liefen der Levit und der Priester einfach weiter, ohne zu helfen? Gibt es Gründe, die ihr Verhalten rechtfertigen? Schreibt ihre Gedanken in die Sprechblasen.

❸ Jesus legte den Menschen ans Herz, sich so zu verhalten wie der barmherzige Samariter. Warum nahm er gerade den Samariter als positives Beispiel?

Der barmherzige Samariter — M41

Keine Kosten und Mühen gescheut

Dann kam ein Mann aus Samarien, der auf der Reise war. Als er ihn sah, hatte er Mitleid, ging zu ihm hin, goss Öl und Wein auf seine Wunden und verband sie. Dann hob er ihn auf sein Reittier, brachte ihn zu einer Herberge und sorgte für ihn. Am andern Morgen holte er zwei Denare hervor, gab sie dem Wirt und sagte: Sorge für ihn, und wenn du mehr für ihn brauchst, werde ich es dir bezahlen, wenn ich wiederkomme. (Lk 10,33-35)

Hintergrundinfos:
- 1 Denar war eine Silbermünze und entsprach in etwa einem Tageslohn.
- Öl und Wein haben eine heilende Wirkung.
- Damals gab es noch keine Krankenhäuser oder Versicherungen. Wer krank oder verletzt war, bekam keine Unterstützung.

Lieber Samariter,

❶ Unterstreicht farblich im Text, was der Samariter für den Verletzten getan hat.

❷ Was hat der Samariter alles in Kauf genommen, indem er dem Verletzten geholfen hat?

❸ Vielleicht hat sich der Verletzte, als er wieder gesund war, bei seinem Helfer bedanken wollen. Verfasst einen Dankesbrief an den Samariter.

Gleichnisse aus der Bibel

M42 Der barmherzige Samariter

Hilfe gesucht!

Immer wieder geraten Menschen in Situationen, wo sie auf die Hilfe anderer angewiesen sind.

Eine Person wird auf der Straße angepöbelt … – welche Handlungsmöglichkeiten gibt es?

Reaktion	Grund?
– helfen	Mitleid mit dem Opfer/Gewissen verpflichtet, zu helfen
– davonlaufen	
– abwarten, ob eine andere Person hilft	
– so tun, als hätte man nichts gesehen	
– andere Personen suchen, die dir helfen zu helfen	

Streitschlichter – ein biblischer „Beruf"

An vielen deutschen Schulen sind „Streitschlichter" im Einsatz. Das sind Schüler, die eingreifen, wenn ihre Mitschüler miteinander Ärger haben. Damit sie wissen, wie man sich im Konfliktfall richtig verhält, absolvieren sie eine Ausbildung, bevor sie als Streitschlichter zum Einsatz kommen. Streitschlichter sollen verhindern, dass Schüler gemobbt und verprügelt werden.

❶ Füllt die Zeilen oben aus.

❷ Wie habt ihr euch bisher in solchen Situationen verhalten? Warum habt ihr euch so verhalten?

❸ Warum kommt es auf die jeweilige Situation an, welche Reaktion die sinnvollste ist?

Der barmherzige Samariter

M43

Das kommt ungelegen

Eigentlich wäre jeder bereit, zu helfen, aber wenn es wirklich mal so weit ist … Oft sind Ausreden und Notlügen schnell zur Stelle, um nicht anpacken zu müssen.

Der Bus fährt gleich ab, sorry, den darf ich nicht verpassen …

Keine Zeit

Ich hab gerade niegelnagelneue Schuhe an, die möchte ich nicht schmutzig machen …

Nein, ich habe selbst gar kein Kleingeld dabei …

Wie soll ich helfen? Ich bin doch selbst nicht so stark …

Jemand anderes kennt sich hier sicher besser aus als ich …

Ach, die schafft das schon allein. Sie braucht einfach ein bisschen länger …

❶ Überlegt, in welchem Zusammenhang diese Ausreden formuliert wurden.

❷ Aus welchen Gründen wird im jeweiligen Fall nicht geholfen? Notiert die Ausreden der jeweiligen Personen.

❸ Erstellt Plakate, auf denen ihr Werbung macht. Euer Motto könnte sein: „Werbung für das Helfen", „Eingreifen, wenn jemand in Not ist" oder „Keine Ausrede zählt".

M44 Arbeiter im Weinberg

So ungerecht!

Tina: „*Ein neues Handy, ein paar Geburtstagskarten von Freunden und Mamas selbstgebackener Kuchen? Und darüber soll ich mich jetzt freuen?! Das kann doch nur ein Witz sein. Marie hat ein viel besseres Handy zum Geburtstag bekommen. Und dazu noch 50 Euro in bar! Und die neue CD von Robbie Williams! Und ihre Oma lud sie sogar noch auf eine Shoppingtour ein!*"

Marie: „_____

_____

_____"

„*Sie hat fast nichts gelernt und bekommt eine Eins! Und ich hab vier Stunden gelernt und bekomme nicht mal eine Drei!*"

Frauen auf dem Land verdienen deutlich weniger als Männer. Der Durchschnittslohn von jungen Frauen war 2004 in ländlichen Gebieten gegenüber ihren männlichen Altersgenossen um 22 Prozent niedriger. Gleichzeitig verdienten Frauen in Großstädten rund 9 Prozent weniger als Männer.

(Informationen: http://www.mz-web.de/servlet/ContentServer?pagename=ksta/page&atype=ksArtikel&aid=1246048986564)

Maultaschen gegessen, Job verloren

Einer Altenpflegerin (58) aus Konstanz wurde fristlos gekündigt, weil sie sechs Maultaschen im Wert von etwa drei bis vier Euro eingesteckt hatte. Die Frau hatte 17 Jahren in diesem Betrieb gearbeitet. Sie wollte die Kündigung nicht akzeptiere und klagte vor Gericht. Dort erklärte sie, bei den Maultaschen habe es sich um Essensreste gehandelt, die sonst im Müll gelandet wären. Deshalb habe sie das Essen mitgenommen. Das Arbeitsgericht Radolfzell hat die Klage jedoch abgewiesen. Die deutsche Gewerkschaft ver.di bezeichnete das Urteil als eine Schande. Es sei menschenverachtend, jemanden wegen einer solchen Kleinigkeit zu kündigen.

(Informationen: http://oesterreich.orf.at/vorarlberg/stories/396895/)

❶ Was denkt Marie wohl über Tina?

❷ Sind die drei Fälle wirklich ungerecht? Was genau ist das Ungerechte? Wie wäre es gerecht abgelaufen?

56 Gleichnisse aus der Bibel

Nicht gleich behandelt

Eine Geschichte mit einem merkwürdigen Ende – obwohl die Angestellten nicht gleich lange gearbeitet haben, bekommen sie gleich viel Geld:

> Als dann die Ersten an der Reihe waren, glaubten sie, mehr zu bekommen. Aber auch sie erhielten nur einen Denar.
>
> Da begannen sie, über den Gutsherrn zu murren, und sagten: Diese Letzten haben nur eine Stunde gearbeitet, und du hast sie uns gleichgestellt; wir aber haben den ganzen Tag über die Last der Arbeit und die Hitze ertragen.
>
> Da erwiderte er einem von ihnen: Mein Freund, dir geschieht kein Unrecht. Hast du nicht einen Denar mit mir vereinbart?
>
> Nimm dein Geld und geh! Ich will dem Letzten ebenso viel geben wie dir.
>
> Darf ich mit dem, was mir gehört, nicht tun, was ich will? Oder bist du neidisch, weil ich (zu anderen) gütig bin? (Mt 20,10-15)

Mein Tagesrückblick

Heute …

❶ Versetzt euch in einen der Angestellten – wie blickt er am Abend auf seinen Arbeitstag zurück? Notiert seine Gedanken hier auf dem Arbeitsblatt.

❷ Wie gehen die Angestellten, die am wenigstens lang gearbeitet haben, mit der Situation um? Verfasst zu zweit einen Dialog zwischen zwei Angestellten.

❸ Warum empfinden wir das Verhalten des Gutsherrn als ungerecht bzw. unlogisch?

❹ Schreibt das Gleichnis so um, wie es aus eurer Sicht sinnvoll wäre.

M46
Arbeiter im Weinberg

Ein gerechtes Ende?!

Der Gutsherr ist gerecht, weil … | Der Gutsherr ist ungerecht, weil …

_____ | _____

_____ | _____

_____ | _____

Gerechtigkeit – eine Definition:

„Gerechtigkeit" steht für einen Zustand des sozialen Miteinanders, der für alle Beteiligten ideal ist: Die Interessen von allen Beteiligten sind unparteilich berücksichtigt und allen Personen oder Gruppen stehen gleich viel Güter oder Chancen zur Verfügung.

(Informationen: Metzler Philosophielexikon, 2. Aufl. Stuttgart 1999)

Arbeitgeber des Jahres:

Ein neuer Schluss

Als dann die Ersten an der Reihe waren, bekamen sie natürlich mehr Geld als die anderen – sie hatten länger gearbeitet. Da begannen aber die anderen, zu murren und sich zu beschweren: Warum brauchen die anderen so viel Geld? Und sie selber mussten mit so wenig auskommen – das reichte ja nicht einmal für das Nötigste!

❶ Bildet zwei Gruppen. **Gruppe 1** überlegt sich Argumente, warum der Gutsherr gerecht ist. **Gruppe 2** sucht Argumente, warum er ungerecht ist. Wie würde Jesus auf diese Argumente reagieren?

❷ Was spricht dafür, den Gutsbesitzer als „Arbeitgeber des Jahres" auszuzeichnen? Schreibt Argumente auf, die für ihn sprechen.

❸ Lest den neuen Schluss des Gleichnisses. Warum ist anzunehmen, dass auch in dieser Version nicht alle zufrieden sind?

❹ Was sagt das biblische Ende dieses Gleichnisses über Gott aus? Versucht, das Besondere an Gottes Gerechtigkeit zu beschreiben.

Gleichnisse aus der Bibel

Fair zu mir – fair zu dir

Gleicher Lohn für jedermann!

Faire Noten!

Für jeden gleich viel Taschengeld!

Es gibt die verschiedensten Formen von Ungerechtigkeit auf dieser Welt. Von einigen sind wir direkt betroffen. Gegen manche kann man etwas unternehmen, gegen manche nicht. Nicht jede Ungerechtigkeit muss man einfach so akzeptieren.

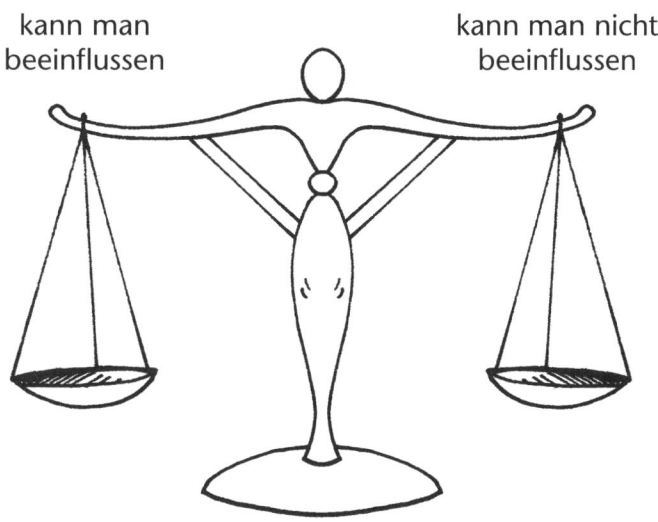

Ungerechte Lohnverteilung – Ausgrenzung von Ausländern – Ein Schüler wird vom Lehrer ständig bevorzugt – Schiedsrichter ist ungerecht zur Lieblingsmannschaft – Der große Bruder bekommt immer das größere Stück Fleisch – Armut in Afrika – immer, wenn wir Ferien haben, regnet es – die Verkäuferin bedient einen anderen, obwohl ich schon länger warte – …

❶ Welches faire Verhalten verlangt ihr von anderen? Wie fair verhaltet ihr euch gegenüber anderen Menschen? Teilt ein Arbeitsblatt in kleine Rechtecke auf. Es sollte für jeden aus eurer Klasse ein Rechteck geben. Schreibt nun einen kurzen Merksatz zum Thema *„So will ich von anderen behandelt werden"* in ein Feld und gebt das Blatt weiter. Der Nächste fügt in seinem Feld etwas Neues hinzu. So habt ihr am Schluss eine Sammlung von Sätzen mit den fairen Wünschen eurer Klasse.

❷ Gegen welche Ungerechtigkeiten könnt ihr etwas unternehmen? Ordnet die Situationen den eurer Meinung nach richtigen Waagschalen zu.

Neid macht unglücklich

Die Gleichnisse sollen den Menschen den Weg zu einem glücklichen, erfüllten Leben zeigen. Doch so, wie sich die Angestellten des Gutsbesitzers miteinander verglichen haben, vergleichen sich auch die Menschen heute ständig miteinander.

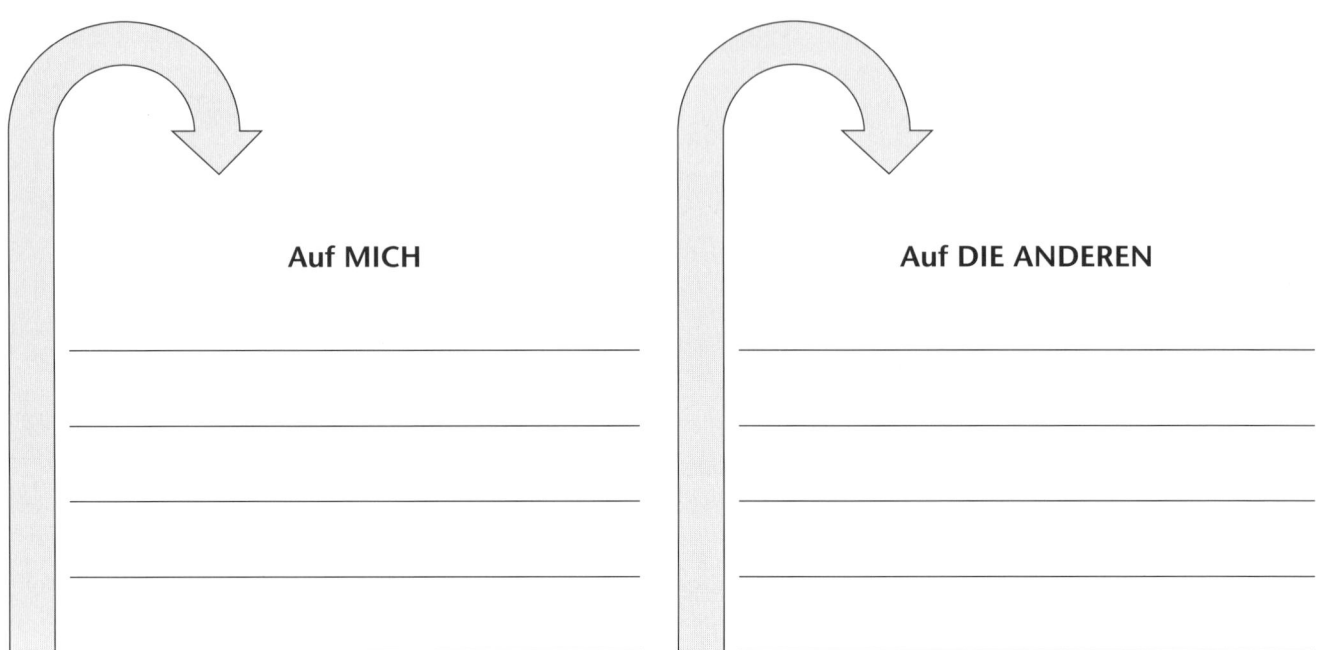

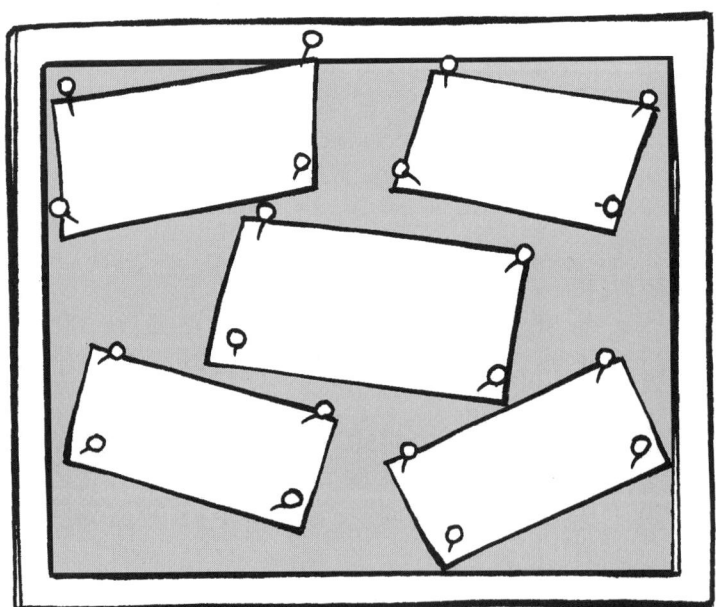

Die Schritte zum neidlosen Leben

❶ Warum entsteht Neid?

❷ Welche Auswirkungen auf einen selber und auf andere hat es, wenn man neidisch ist? Notiert eure Gedanken oben im Schaubild.

❸ Wie kann man den Neid auf andere Personen abbauen? Entwerft eine „Anleitung in mehreren Schritten" an der Pinnwand.

Der bittende Freund M49

Immer für Sie da!

„Ob Tag oder Nacht – wir sind rund um die Uhr für Sie da!"

„Wenden Sie sich an uns in allen Lebenslagen!"

„Von 0 bis 24 Uhr geöffnet!"

RUND UM DIE UHR IM EINSATZ

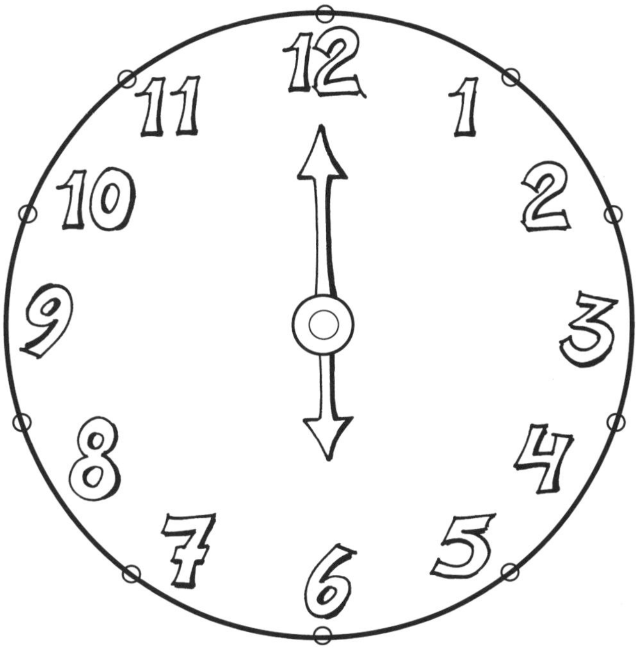

- Polizei — _____ — _____

- Sorgentelefon — _____ — _____

Sarah:

„Eine Katastrophe! Meine Mutter hat vergessen, Salz zu kaufen. Und am Heiligabend ist natürlich alles zu. Sie hat gemeint, dass ich bei der Nachbarin fragen soll, ob sie uns Salz leihen könnte. Ich hab mich geweigert. Wir kennen die Nachbarin doch kaum und man kann doch nicht mitten an Heiligabend ..."

❶ Was ist die Botschaft der Anzeigen bzw. Slogans?

❷ Überlegt euch weitere Firmen, Institutionen usw., die rund um die Uhr zur Verfügung stehen. Was ist das Positive an diesem Angebot? Was versprechen diese Einrichtungen?

❸ Was hindert Sarah daran, bei der Nachbarin zu klingeln?

Gleichnisse aus der Bibel

M50
Der bittende Freund

Aufmachen oder liegen bleiben?

Dann sagte er zu ihnen: Wenn einer von euch einen Freund hat und um Mitternacht zu ihm geht und sagt: Freund, leih mir drei Brote; denn einer meiner Freunde, der auf Reisen ist, ist zu mir gekommen, und ich habe ihm nichts anzubieten!, wird dann etwa der Mann drinnen antworten: Lass mich in Ruhe, die Tür ist schon verschlossen und meine Kinder schlafen bei mir; ich kann nicht aufstehen und dir etwas geben? (Lk 11,5-7)

Der Mann öffnet, weil …   Der Mann öffnet nicht, weil …

+ _____   – _____

+ _____   – _____

+ _____   – _____

Freund   **Mann**

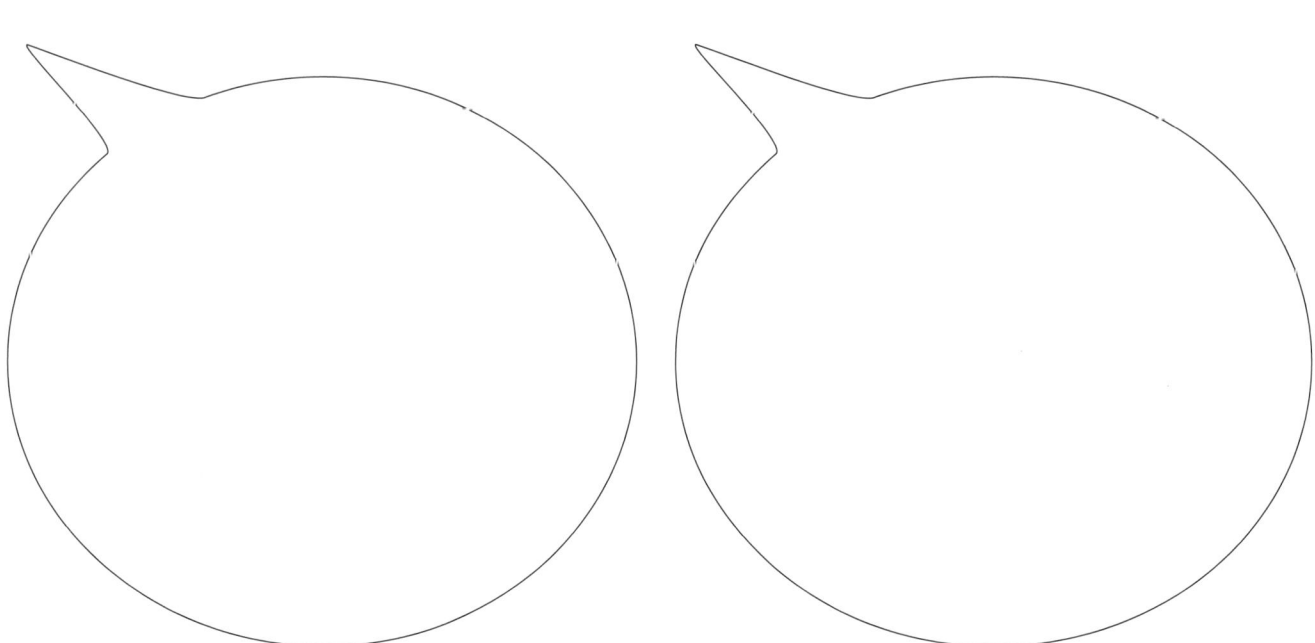

❶ Öffnet der Mann die Tür oder bleibt er liegen? Wie würdet ihr euch an seiner Stelle verhalten?

❷ Sucht Gründe, warum der Mann die Tür aufmacht oder nicht. Nehmt den Bibeltext zu Hilfe.

❸ Welche Gedanken gehen dem bittenden Freund und dem Mann durch den Kopf? Verfasst in Stichworten zwei innere Monologe.

Gleichnisse aus der Bibel

M51
Der bittende Freund

Bitten – ein biblischer Tipp

„Ich sage euch: Wenn er schon nicht deswegen aufsteht und ihm seine Bitte erfüllt, weil er sein Freund ist, so wird er doch wegen seiner Zudringlichkeit aufstehen und ihm geben, was er braucht." (Lk 11,8)

„Beten – so geht's" =

_____

_____

_____

_____

Es gibt einen weiteren biblischen Text (Mt 7,7 ff.), der sich mit dem Thema „Bitten" beschäftigt:

„Bittet, dann wird euch gegeben; sucht, dann werdet ihr finden; klopft an, dann wird euch geöffnet. Denn wer bittet, der empfängt; wer sucht, der findet; und wer anklopft, dem wird geöffnet. Oder ist einer unter euch, der seinem Sohne einen Stein gibt, wenn er um Brot bittet, oder eine Schlange, wenn er um einen Fisch bittet? Wenn nun schon ihr, die ihr böse seid, euren Kindern gebt, was gut ist, wie viel mehr wird euer Vater im Himmel denen Gutes geben, die ihn bitten." (Mt 7,7 ff.)

Werbeanzeige

❶ Warum öffnet der Mann laut Jesus die Tür? Was heißt das nun für das Beten? Wie soll man es machen? Notiert „Beten – so geht's".

❷ Vergleicht den Bibeltext von Mt 7,7 ff. mit dem Gleichnis. Was ist die gemeinsame Botschaft?

❸ Das Gleichnis ist eine Art Werbung dafür, dass Gott immer für die Menschen da ist. Die Menschen dürfen sich mit allen Sorgen und Nöten an ihn wenden. Entwerft für dieses „Angebot" eine knallige Werbeanzeige.

Gott bitten, Menschen bitten

Gott kann man jederzeit um Hilfe bitten. Kenne ich Menschen, bei denen das auch möglich ist?

Gott um etwas bitten

Vorteile:

Nachteile:

Bei wem fällt mir Bitten leicht, bei wem fällt es mir schwer?

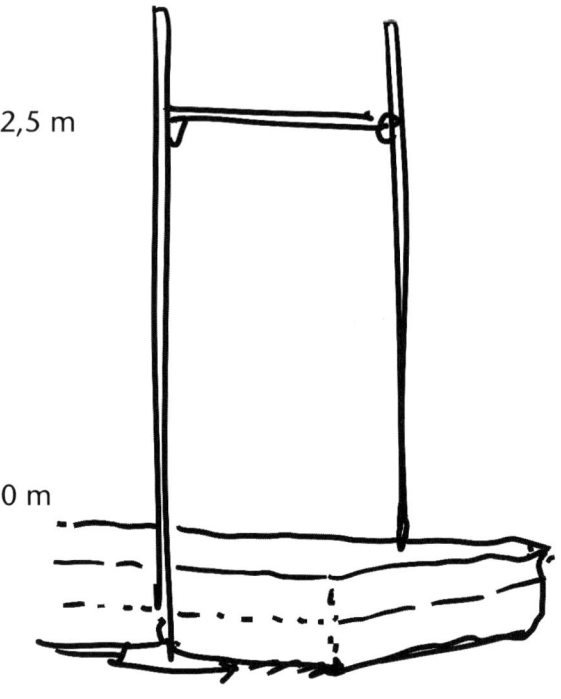

2,5 m

0 m

Merke: Du kannst Gott in jeder Situation, bei jeder Gelegenheit und jederzeit um Hilfe bitten – und zwar für alles, das dir auf dem Herzen liegt!

Personen: Jesus – Freunde – Eltern – Lehrer – Verkäufer – Großeltern – Geschwister

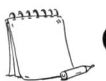

❶ Ist es schwieriger oder leichter, Gott (statt einen Menschen) um etwas zu bitten? Schreibt die Vor- und Nachteile auf.

❷ Bei welchen Leuten hast du immer Hemmungen, sie um etwas zu bitten? Wovor habt ihr genau Angst? Ordnet die verschiedenen Personen von unten bis oben an der Hochsprungstange ein.

Der bittende Freund M53

Meine Hilfe ist gefragt

Nur selten laufen die Menschen mit einem Stempel auf der Stirn herum, der darüber informiert, dass sie Hilfe brauchen. Manche haben Mühe, mitzuteilen, dass sie auf Hilfe angewiesen sind.

> Bring bitte ein Brot aus der Stadt mit! LG, Vanessa

> Könntest du heute Abend auf deine kleine Schwester aufpassen? Mama

> Kann ich morgen die Matheaufgaben abschreiben? :-) Nele

> Ich glaube, mir wächst der Haushalt einfach über den Kopf!

> Diese Englischprüfung nächste Woche – ich kann jetzt schon nicht mehr schlafen!

Wie erkenne ich, ob jemand Hilfe braucht?

Erscheinungsform: **Beispiel:**

– Körperhaltung   jemand geht gebückt und nicht aufrecht …

– Gestik/Mimik   _____

– Reden/schweigsam   _____

– nervös/überdreht   _____

❶ Vergleicht die Bitten in den SMS mit den Aussagen in den Sprechblasen. Worin unterscheiden sie sich?

❷ Oft ist es einem Menschen nicht sofort anzusehen, ob er Hilfe braucht. Besonderes Hinschauen und Hinhören sind dann gefragt. Sucht Beispiele für die verschiedenen Erscheinungsformen und schreibt sie auf.

❸ Warum ist es manchmal schwierig, anderen Menschen zu helfen?

M54 Der verlorene Sohn

Spurlos verschwunden

> Mehr als 50 000 Vermisstenmeldungen von Kindern und Jugendlichen pro Jahr in Deutschland
> Ca. 98 % davon sind sogenannte „Ausreißer", d. h. Kinder und Jugendliche, die aus eigenem Antrieb ihr familiäres Umfeld und ihre gewohnte Umgebung verlassen
> Ca. 1 500 Kinder und Jugendliche gelten in Deutschland als andauernd vermisst

(Informationen: www.vermisste-kinder.de)

Die Ungewissheit ist das Schlimmste

1995 verschwindet Nadine aus Dortmund spurlos. Die Polizei glaubt, dass sie entführt worden ist, und sucht intensiv mit Hunden, Hubschrauber und vielen Polizisten – aber erfolglos. Nadine taucht nicht wieder auf.

Allein in NRW gibt es viele weitere tragische Fälle, z. B. wird seit 20 Jahren ein Mädchen vermisst, das im Alter von 11 Jahren spurlos verschwand. Diese Fälle füllen bei der Polizei ganze Aktenordner und sind noch immer nicht abgeschlossen. Sie werden immer wieder neu durchgesehen. Die Polizei vergleicht sie mit ungeklärten Todesfällen.

Von den Menschen, die als vermisst gemeldet werden, handelt es sich am häufigsten um Jugendliche: Im Jahre 2006 z. B. 2 245 männliche und 3 780 weibliche 14- bis 18-Jährige. Meistens handelt es sich dabei um Ausreißer, die Liebeskummer oder Stress mit den Eltern haben. Die Ungewissheit sei für die Eltern das Schlimmste, den Tod könnten sie eher verkraften.

(Informationen: http://www.derwesten.de/nachrichten/waz/rhein-ruhr/2009/8/28/news-131112017/detail.html)

❶ Stellt euch vor, eine Freundin/ein Freund von euch ist verschwunden. Schreibt einen Tagebucheintrag dazu, was euch dann durch den Kopf gehen würde. Macht euch zunächst hier Notizen.

❷ Schreibt einen Brief an die Eltern, deren Kind verschwunden ist. Versucht, ihnen Mut zu machen.

Die Rückkehr des verlorenen Sohnes

Der Vater sah ihn schon von Weitem kommen und er hatte Mitleid mit ihm. Er lief dem Sohn entgegen, fiel ihm um den Hals und küsste ihn. Da sagte der Sohn: Vater, ich habe mich gegen den Himmel und gegen dich versündigt; ich bin nicht mehr wert, dein Sohn zu sein.
(Lk 15,20-21)

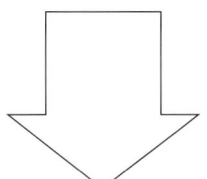

Wie kann der Vater darauf reagieren?

Der Vater aber sagte zu seinen Knechten: Holt schnell das beste Gewand und zieht es ihm an, steckt ihm einen Ring an die Hand und zieht ihm Schuhe an. Bringt das Mastkalb her und schlachtet es; wir wollen essen und fröhlich sein. Denn mein Sohn war tot und lebt wieder; er war verloren und ist wiedergefunden worden. Und sie begannen, ein fröhliches Fest zu feiern.
(Lk 15,22-24)

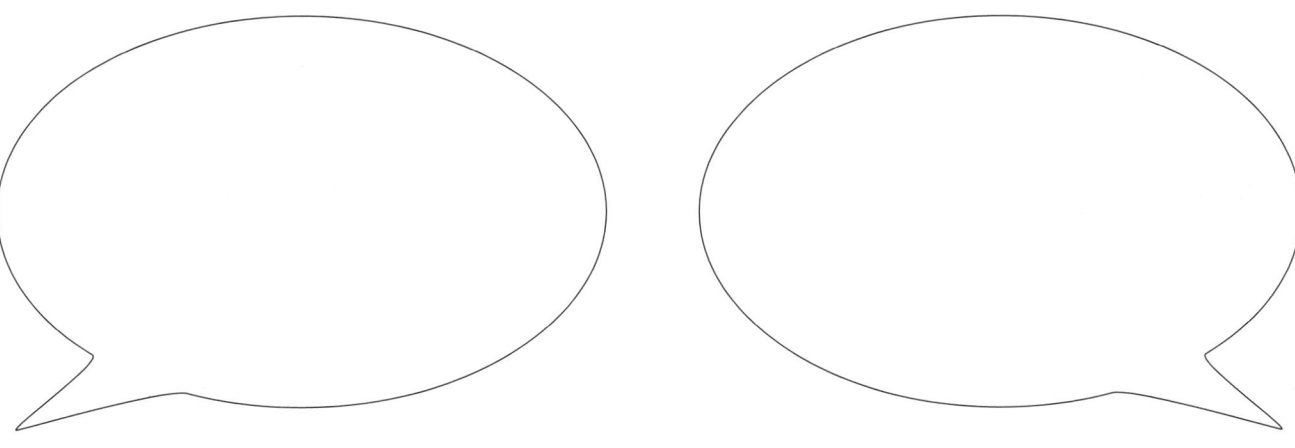

Knecht 1   Knecht 2

❶ Wie kann der Vater auf die Rückkehr des Sohnes reagieren? Notiert eure Ideen in der Abbildung oben.

❷ Was könnten die Gründe sein, warum der Vater dem Sohn verzeiht?

❸ Wie kommentieren die Knechte das Ereignis? Überlegt euch zu zweit einen Dialog zwischen zwei Knechten.

Der liebende Vater – vorbildlich oder unerhört?!

Absolut ungerecht gegenüber dem Sohn, der beim Vater geblieben ist und nicht das ganze Geld verprasst hat!	Die Verwandten und Freunde waren sicher total beeindruckt, dass der Vater seinem Sohn verziehen hat.
Egal, was der Sohn gemacht hat: Er ist noch immer der Sohn seines Vaters. Und Eltern lieben ihre Kinder – egal, was sie gemacht haben.	Er hat ja genau gewusst, auf was er sich einlässt, dann sollte er jetzt auch die Konsequenzen tragen!
Er hat sich wohl nicht besonders toll gefühlt, dass sein Vater extra ein Willkommensfest für ihn auf die Beine gestellt hat.	Der Bruder hätte auch ein großes Geschenk verdient!
Wenn das so funktioniert, dann könnte man sich ja alles erlauben! Die Geschichte zeigt, wie ungerecht die Welt ist!	Der Vater hat gezeigt, dass ihm der Sohn wichtiger ist als alles Geld.
Der Sohn hat sicher viel Überwindung gebraucht, um in dieser Verfassung nach Hause zurückzukehren.	Er ist ein Schmarotzer und Heuchler! Er hat bloß so getan, als würde es ihm leidtun – nur damit er wieder ein Dach über dem Kopf hat!

❶ Umrahmt alle Aussagen, mit denen ihr einverstanden seid, grün.

❷ Überlegt euch zwei weitere Aussagen, die man über den Sohn, den Vater oder den Bruder machen könnte.

❸ Schneidet die Kärtchen aus und legt sie aufeinander. Startet anschließend eine Gruppendiskussion: Jeder zieht ein Kärtchen und kommentiert die Aussage.

Vergeben aus Liebe

Gott ist wie ein liebender Vater. Er nimmt einen auf, egal, was man getan hat. Er freut sich über jeden, der zu ihm zurückkehrt. Denn er weiß, dass Menschen nicht perfekt sind und oft erst hinterher merken, dass sie auf dem falschen Weg waren.

Schule abgebrochen

Freunde belogen

Unfall gebaut

mit Drogen gedealt

14 Monate Jugendknast

Menschen:

Gesellschaft: „Der hat keine Chance mehr, der hat sein Leben verbaut."

Schule: „Bei uns muss er es nicht mehr probieren."

Freunde: „Er hat uns immer angelogen, soll er sich neue Freunde suchen."

Gott:

„Wenn er es bereut und neu anfangen will, nehme ich ihn mit offenen Armen auf."

❶ Warum ist es nicht immer einfach, Menschen, die „zurückkehren", eine neue Chance zu geben?

❷ „Der verlorene Sohn" wird verfilmt. Übertragt den Bibeltext in die heutige Zeit und überlegt euch einen passenden Filmtitel und eine Zusammenfassung, die Lust machen, den Film anzusehen.

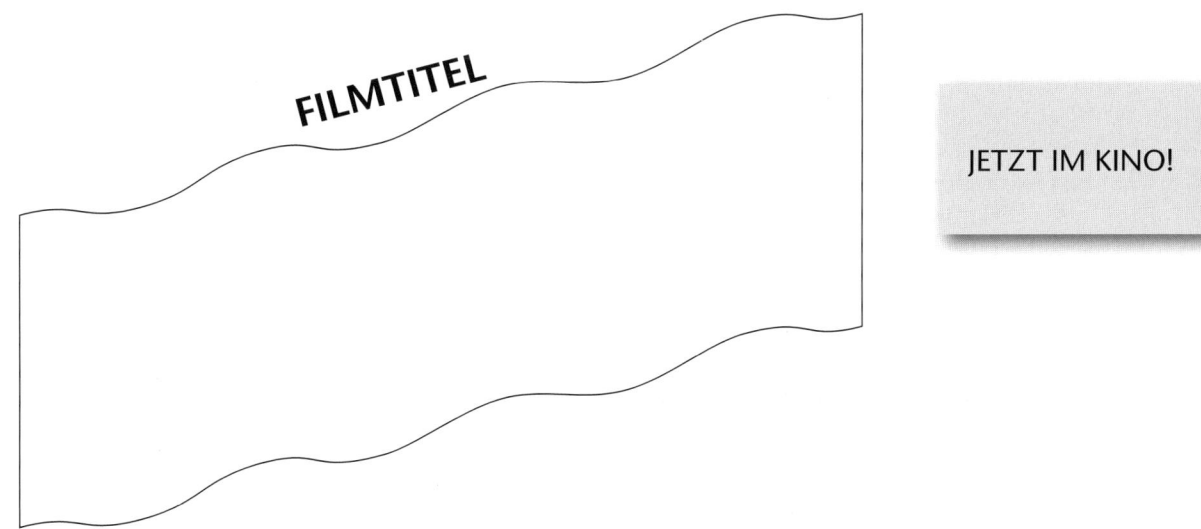

Eine schwierige Rückkehr

Der verlorene Sohn

Manchmal merkt man plötzlich, dass man in die falsche Richtung unterwegs war, und kehrt um.

Ein 14-jähriger Ausreißer aus Berlin ist gestern nach Hause zurückgekehrt. Der 14-jährige Junge war vor zwei Monaten von zu Hause ausgerissen. Wie er gestern gegenüber einer Journalistin erzählte, habe er auf sein bisheriges Leben einfach keine Lust mehr gehabt: Ärger mit den Eltern, Probleme in der Schule und auch mit seinen Freunden habe er sich nicht mehr so gut verstanden. Er hatte sich auf den Weg in den Norden gemacht. Doch nach einigen Wochen habe er plötzlich gemerkt, dass er sein altes Leben vermisst und sich danach zurücksehnt.

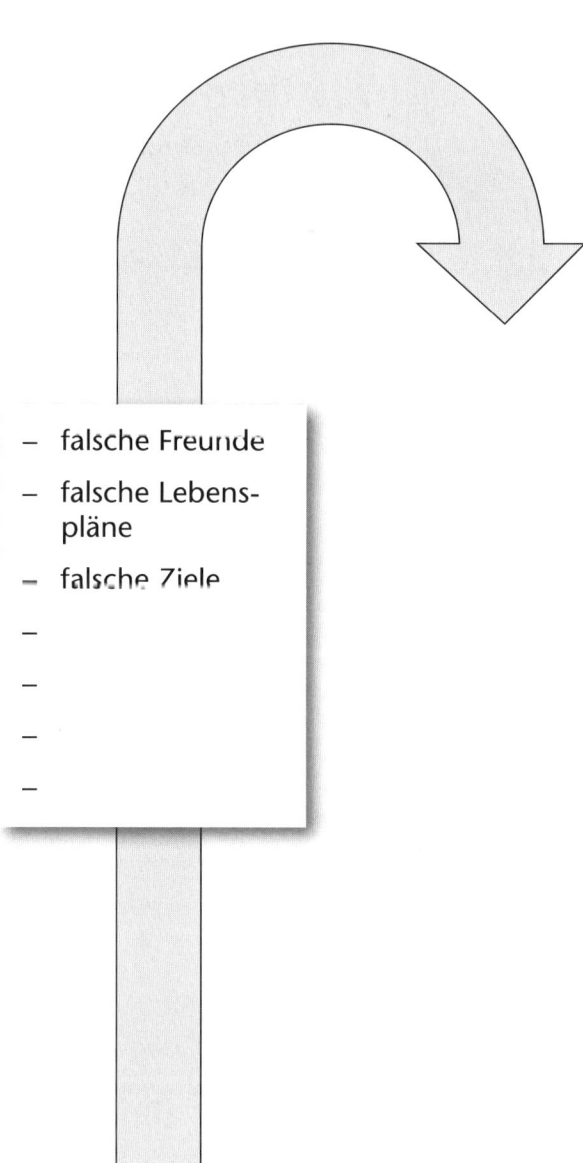

Ängste des Ausreißers vor seiner Rückkehr:

-
-
-
-
-
-
-

- falsche Freunde
- falsche Lebenspläne
- falsche Ziele
-
-
-
-

❶ Versetzt euch in die Situation des 14-Jährigen. Warum ist es für Ausreißer manchmal nicht einfach, wieder zurückzukehren?

❷ Wann seid ihr in eurem Leben schon umgekehrt bzw. habt plötzlich gemerkt, dass ihr etwas falsch gemacht habt? Ergänzt eure Ideen in der rechten Abbildung.

LÖSUNGEN

Wunder

M1

1. wegen ihrer Gebete, ihr Krankheitsverlauf steht im Zusammenhang mit Papst Johannes Paul II.

2. Nonne betrachtet ihre Heilung als Wirken Gottes, die Mediziner haben herausgefunden, dass es Spontanheilungen gibt; jeder blickt auf die Heilung ausgehend von seiner Sichtweise, die Nonne im Glauben, die Mediziner als Wissenschaftler.

3. Weil Jesus/Gott nicht als Zauberer abgestempelt werden soll; weil Gottes Wirken nichts mit Magie zu tun hat; bei einigen „Wundern" lässt sich die Heilung auch ganz natürlich erklären …

M2

1. Sie wollen keine Abschwächung von Jesu Taten, der als Sohn Gottes auch Übernatürliches vollbringen kann.

M3

1. Wunder = wenn die Natur oder die für sie erklärbare Natur an die Grenzen kommt

3. Dafür: Jesus ist kein Zauberer, …; Dagegen: Nicht alle Wunder sind wissenschaftlich zu erklären, manche leben aus dem Glauben heraus und haben symbolisch Bedeutung, …

M4

1. Bericht: neutral, genaue Beschreibung, was passiert ist, … Wundergeschichte: Autoren beschreiben mit genauem Ziel (Glauben an Gott und Jesus wecken), keine möglichst präzise Beschreibung, sondern Botschaft des Wunders vermitteln

2. Einiges wird hinzugedichtet, etwas wird missverstanden, jeder interpretiert nach seinem Verständnis

M5

Wunder: Zeichen von Gottes Kraft, Vorgeschmack auf Reich Gottes, Hilfe, symbolische Handlung

Zaubershow: Illusion, Täuschung der Zuschauer, Tricks, Unterhaltung der Zuschauer, Zauberspruch

M6

Die Stillung des Sturms:	Rettungswunder
Speisung der 5000:	Geschenkwunder
Hananias & Saphira:	Strafwunder
Der Gang nach Emmaus:	Erscheinungswunder
Unreine Schweine:	Befreiung von Dämonen
Heilung des Blinden:	Heilungswunder

Man könnte die „Befreiung von Dämonen" auch als „Heilungswunder" sehen, doch ursprünglich wurde zwischen „Exorzismus" und „Heilungswunder" deutlich unterschieden.

M7

1. Hier sind die günstigsten Produkte zu finden, hier muss man nicht viel Geld ausgeben.

3. zunehmender Egoismus, jeder denkt an sich und seinen eigenen Vorteil, die sozial und finanziell schwach Gestellten leiden darunter; nur noch „Wohlhabende" bekommen eine ordentliche medizinische Versorgung

M8

1. Eigentlich gibt es genug Lebensmittel, aber diese werden oftmals weggeworfen und nicht notleidenden Menschen zur Verfügung gestellt.

M9

1. z. B. 13 = Unglückszahl (Ursprung unklar, evtl.: 12 = komplett, 13 = eins zu viel – vgl. Jesus und die 12 Jünger), 40 = Israeliten waren 40 Tage in der Wüste, 40-tägige Fastenzeit, …)

M10

1./2. Jesus: Mitleid mit den Menschen, nimmt seine Verantwortung wahr, kümmert sich um die Menschen, sorgt sich um sie, überlegt sich, was sie brauchen und wie man ihnen helfen kann; Jünger: schieben die Verantwortung ab, Leute sollen sich selber um ihre Probleme kümmern

3. Jesus sorgt für die „Voraussetzungen", doch schließlich sind die Jünger und die anderen Menschen für das Wunder verantwortlich. Jesus spricht keinen Zauberspruch. Die Jünger verteilen die Speisen, sodass es plötzlich für alle reicht. Jesus zeigt, dass die Menschen Verantwortung für andere haben.

M11

2. Menschen setzen sich hin, anstatt nach vorne zu drängeln//er dankt Gott, anstatt gleich das Essen zu verteilen//es bleibt sogar noch einiges übrig – vorher dachte man, dass das Essen nie und nimmer für die 5 000 Menschen reichen kann//eine riesige Menge – aber trotzdem scheint alles sehr ruhig und friedlich abzulaufen

M13

2. Panikmache, Verunsicherung wegen nur eingeschränkter Aufklärung und Information

3. zur Steigerung der Einschaltquote, Verkaufszahlen, …

M15

2. Unverständnis; er ist sich seiner Sache sicher und versteht nicht, warum die Jünger nicht vertrauen

M19

1. Problematisch: Es wird das Bild vermittelt, dass der Gelähmte selbst dafür verantwortlich ist, dass er nicht gehen kann (Behinderung = selbst verursacht)//Positiv: Jesus geht ohne Vorbehalte und Scheu auf den Gelähmten zu und nimmt ihn als Menschen wahr und nicht als „Mensch mit einer Behinderung".

M20

2. Jesus wollte den Menschen „ganzheitliches Heil" schenken: Das Wunder sollte dazu führen, dass sie ganz neue Lebensperspektiven finden.
Inzwischen gibt es aber auch immer mehr Ärzte, die auf eine ganzheitliche Behandlung setzen: Neues Bewusstsein, den Menschen als „Ganzes" zu sehen und sich nicht nur auf das akute Gebrechen bzw. die akute Krankheit zu beschränken.

M21

3. Für Jesus ist der Mensch wichtiger als das Einhalten von irgendwelchen Vorschriften: Der Mensch kommt vor dem Sabbat. Er hat gemerkt, dass dieser Mensch dringend Hilfe braucht.

M22

1./2. psychische Beschwerden (Unruhe, Nervosität, man ist wie gelähmt, blockiert, schlechtes Gewissen, Selbstzweifel, Abwertung der eigenen Person, Gefühl der Ohnmacht bzw. „unter Druck stehen", …)//körperliche Beschwerden (Herzklopfen, Schlaflosigkeit, Verdauungsprobleme, Kopfschmerzen, …)

M23

1. Schritte: 1. Schuld eingestehen; bewusst machen, dass man einen Fehler, etwas Falsches getan hat; 2. Dem Betroffenen eingestehen, dass man etwas Falsches gemacht hat; 3. ihn um Verzeihung bitten; 4. Evtl. entstandenen Schaden wiedergutmachen; 5. Gott um Verzeihung bitten

3. Manche Dinge lassen sich nicht so einfach ins Reine bringen, manches ist sogar nicht wiedergutmachbar; in solchen Fällen kann Gott helfen, einen von der Schuld zu befreien.

M24

1. „unsichtbare Dinge": Gefühle, Gott, …

2. 1. Bild: z. B. Schönheit im Alltag wird oft übersehen; 2. Bild: Umweltverschmutzung wird oft ausgeblendet; 3. Bild: Wegsehen vor Menschen in Not

M25

1. nicht ernst genommen, links liegengelassen, wehrlos, ohnmächtig, chancenlos, …

M26

1. Bartimäus hat großen Respekt vor Jesus; er ist der Mann, auf den er gewartet hat; er weiß, dass Jesus Gottes Sohn ist.

4. 1. Er muss auf sich aufmerksam machen; 2. seinen Wunsch formulieren bzw. aussprechen, was er genau will; 3. selber aufstehen bzw. wieder gehen; 4. an Jesus glauben bzw. „glauben"

M29

1. Schüler, die aus unterschiedlichen Gründen gemobbt werden//Randständige: Obdachlose, Drogenabhängige, Kriminelle, …

Gleichnisse

M31

1. jemand ist erschöpft, ohne Energie und Elan, sprachlos

2. Satz 1: Mir geht es gar nicht gut. Ich bin total erschöpft. Ich kann mich kaum bewegen. Satz 2: Mir geht's super, ich bin ganz aufgeregt. Ich habe ganz viel Energie. Satz 3: Ich habe ganz tief und fest und auch erholsam geschlafen.

3. Um besser ausdrücken zu können, was wir empfinden oder wie wir uns fühlen

4. Beispiele: Musik/Songs: „Hals über Kopf verliebt" – Warum? Mit möglichst wenigen Worten eine Botschaft vermitteln und möglichst viele Menschen erreichen.//Kirche: „Wir sind das Volk Gottes" (Metaphern in Gebeten, Liedern, Predigten, usw.) – Warum? Oft einen biblischen Bezug bzw. theologische Fakten leicht verständlich vermitteln.

M32

1. Sie hat sich getäuscht/sie hat sich falsche Hoffnungen gemacht/sie hat auf den Falschen bzw. das Falsche gesetzt.

3. dass man sich auf die Bank langfristig (ein Leben lang) verlassen kann, dass sie ihrem Geld eine verlässliche Sicherheit bietet, dass man bei dieser Bank keine Angst ums Geld haben muss, dass sie das „Fundament" für eine langfristige, erfolgreiche Geldanlage bietet, dass die Bank weiß, was sie macht, Expertin ist

M34

2. Vor dem Platzregen: Ich baue mir ein tolles Haus. Es wird das schönste weit und breit. Ich habe schon schöne Möbel ausgesucht. Und das Bad wird ganz groß. Es soll möglichst schnell fertig sein, denn ich will am liebsten schon heute einziehen.//Nach dem Platzregen: Hinterher weiß man immer alles besser! Wäre ich das Ganze bloß vernünftiger angegangen, ich hätte Experten zu Rate ziehen sollen! Jetzt ist alles kaputt und ich kann noch mal von vorne anfangen.

M35

1. Fels: stark, sicher, unzerstörbar, ihm kann nichts etwas anhaben, alt, über viele Jahre entstanden//Sand: fein, vergänglich, nur für den Moment

2. Fels: für den Bau von Festungen, Burgen …//Sand: Sanduhr, Sandskulpturen

M37

3. Zutaten: Dauer (Zeit), Vertrauen, immer für den anderen da sein, sich aufeinander verlassen können, gemeinsame Erlebnisse, man erlebt gute und schlechte Zeiten

M38

1. **Gott:** eine Beziehung, die über den Tod hinaus hält – Gott ist immer für einen da, egal, was kommt, auch nach dem Tod//**Freundschaft:** mit Freunden kann man vieles erleben, man kann mit ihnen Zukunftspläne schmieden, einen gemeinsamen Traum verwirklichen, nach jahrelanger Freundschaft auf gemeinsame Erlebnisse bzw. Vergangenheit zurückblicken//**Familie:** sind die eigenen Wurzeln, das Zuhause, Menschen, auf die man sich verlassen kann, die einen lieben//**Beruf:** eine gute Ausbildung/Lehre/Studium bilden die Grundlagen, dass ich später einen Beruf ergreifen kann//**Finanzen:** langfristige Sparpläne und Ziele ermöglichen mir, später etwas Größeres zu leisten oder für das Alter vorzusorgen

M43

2. keine Zeit//Angst, sich schmutzig zu machen//Geiz//keine Lust auf Anstrengung//keine Lust, denken zu müssen …

M44

1. „So einen schönen Geburtstag wie Tina hätte ich auch gerne! Die hat ein neues Handy bekommen und ihre Mutter hat ihr sogar extra einen Kuchen gebacken – das würde meiner nie einfallen! Und dann hat sie auch noch so nette Karten bekommen!"

2. Bei allen drei Fällen werden Menschen ungerecht behandelt. Jedoch stellt Fall 3 eine gravierende Ungerechtigkeit dar, gegen die man etwas unternehmen muss und kann.

M46

1. Der Gutsherr ist gerecht, denn … jeder bekommt so viel Lohn, wie vereinbart war./Er ist ungerecht, denn … wer länger arbeitet, hat auch Recht auf mehr Lohn/Jesus: sich mit anderen zu vergleichen, kann nicht die Lösung sein.

2. Er behandelt alle Mitarbeiter fair, er nimmt sogar Rücksicht auf die „schwächeren" Angestellten, er hält sich an Abmachungen, er zahlt mehr als nötig wäre.

3. Der Mensch findet immer was, um auf andere neidisch zu sein: Er glaubt immer, dass der andere mehr hat als man selber.

4. Gott handelt nicht nach menschlichen Maßstäben. Er will, dass jeder zu seinem Recht kommt.

M48

1. Der Mensch vergleicht sich mit anderen und fühlt sich bzw. das, was er hat, als minderwertig. Neid entsteht durch Vergleich und Wettbewerbsdenken.

2. Mich: Ich bin gefrustet, ich fühle mich benachteiligt, ich kann mich nicht mehr freuen über die Dinge, die ich habe, ich zermürbe mir ständig den Kopf über die Ungerechtigkeit, ich bin wie blockiert, ich mache mich selber fertig …//Andere: nicht mehr miteinander freuen, Missgunst zerstört Freundschaft, es entstehen Spannungen, Aggressivität, …

M49

1. Man kann sich darauf verlassen, dass man sich jederzeit an sie wenden kann, man kommt nie ungelegen.

3. Angst, der Nachbarin zur Last zu fallen; Angst, abgewiesen zu werden …

M50

1. **Der Mann öffnet, denn** … er ahnt, dass es wichtig ist, wenn mitten in der Nacht jemand an die Tür hämmert/er will, dass die Kinder nicht wach werden/er will wissen, was los ist/er will, dass der Lärm aufhört und er weiterschlafen kann//**Er öffnet nicht, denn** … er liegt schon im Bett/er hat Angst, dass ihn jemand um einen Gefallen bittet und er etwas tun muss, …

M51

1. „Beten so geht's": z.B. Gott mitteilen, was einem Angst macht, was man sich wünscht, nach was man sich sehnt; nicht sofort aufgeben, nicht gleich verzagen, wenn ein Gebet nicht sofort in Erfüllung geht, auf Gott vertrauen …

2. In beiden Texten geht es darum, dass man keine Scheu vor dem Bitten haben soll: Wer ein Anliegen hat, kann sich damit jederzeit an Gott wenden und ihn um Hilfe bitten. Denn wer bittet und fest daran glaubt, wird auch ans Ziel kommen.

M52

1. Vorteil: Vor Gott kann man viel offener sein und es muss einem nicht peinlich sein. Bei Gott kann man auch darauf vertrauen, dass er sich nicht darüber lustig macht oder es anderen ausplaudert.//Nachteil: Gott gibt keine Antwort, wie man sie von Menschen erwarten könnte: Oft „reagiert" er nicht augenblicklich, man weiß nicht sofort, ob Gott die Bitte erfüllt bzw. was er von der Bitte hält.

M53

1. In den SMS werden klare Aufträge formuliert – wahrscheinlich stehen sich SMS-Sender und Empfänger sehr nahe und deshalb hat der SMS-Verfasser keine Scheu, den anderen um etwas zu bitten. Bei den Bitten handelt es sich auch um klare, kleine Aufträge, die nicht viel Mühe erfordern.//In den Sprechblasen teilen die Sprecher nicht genau mit, was das Problem ist. Evtl. haben sie Angst, als „überfordert" bezeichnet zu werden. Sie können sich ihre Schwäche nicht eingestehen. Vielleicht ist ihnen auch nicht bewusst, inwiefern ein anderer ihnen helfen könnte bzw. wie diese Hilfe aussehen könnte. Bei diesen Bitten geht es nicht um einen klaren Auftrag, sondern auch darum, dass der andere dem „Sprecher" einfach zur Seite stehen bzw. ihm helfen könnte, Ängste usw. abzubauen – ihn zu beruhigen.

3. Nicht immer ist eindeutig zu erkennen, ob ein Mensch Hilfe braucht bzw. welche Hilfe er will. Manche fühlen sich bevormundet, wenn man ihnen Hilfe anbietet. Andere wiederum haben zu wenig Mut, jemanden um Hilfe zu bitten.

M55

2. Er liebt ihn, egal, was er getan hat. Er ist glücklich, dass er wieder zurück und am Leben ist.

3. z. B.: Der Vater lässt sich ja total über den Tisch ziehen – verzeiht dem Sohn einfach so – es wird nicht lange dauern und der Sohn wird ihn wieder enttäuschen – an den „treuen" Bruder denkt der Vater nicht, der wird ja total benachteiligt, …

M57

1. Manchmal sind Wunden entstanden, die man nicht so schnell „kitten" kann. Man ist enttäuscht, was einem der „verlorene Sohn" angetan hat, man fühlt sich betrogen, evtl. auch finanziell über den Tisch gezogen. Man ist sich nicht sicher, ob die Person nochmals eine Chance verdient hat und ob es ihr überhaupt ernst ist.

M58

1. Rückkehr ist eine Art Kapitulation: Man hat keinen „Erfolg" gehabt, deshalb kehrt man „reumütig" zurück. Man muss den anderen ins Gesicht sehen und sie um Entschuldigung bitten.